经济的逻辑

现代经济学随笔集

樊纲 / 著

人民东方出版传媒
東方出版社

图书在版编目（CIP）数据

经济的逻辑 / 樊纲 著. —北京：东方出版社，2019. 11
ISBN 978-7-5207-1204-0

Ⅰ. ①经… Ⅱ. ①樊… Ⅲ. ①经济学—文集 Ⅳ. ①F0-53

中国版本图书馆 CIP 数据核字（2019）第 207804 号

经济的逻辑
(JINGJI DE LUOJI)

作　　者：樊　纲
责任编辑：李　烨　窦若鹏
出　　版：东方出版社
发　　行：人民东方出版传媒有限公司
地　　址：北京市朝阳区西坝河北里 51 号
邮　　编：100028
印　　刷：北京联兴盛业印刷股份有限公司
版　　次：2019 年 11 月第 1 版
印　　次：2019 年 11 月第 1 次印刷
开　　本：880 毫米×1230 毫米　1/32
印　　张：7. 75
字　　数：172 千字
书　　号：ISBN 978-7-5207-1204-0
定　　价：48. 00 元
发行电话：(010) 85924663　85924644　85924641

如有印装质量问题，我社负责调换，请拨打电话：(010) 85924602　85924603

目　录

第三章

经济利益与经济体制

第四章

人口流动的经济学视角

第五章

生活故事中的经济学

第六章

经济学那些事

代 序

“发展悖论”与“发展要素”[①]

——发展经济学的基本原理与中国的发展

本文试图在新的事实（包括中美经贸争端）的基础上，对发展经济学的基本原理进行一些梳理与扩充，并用这些原理来说明中国经济发展所面临的一些主要问题。

---

① 本文是笔者2019年5月在中国社会科学院经济研究所建所90周年研讨会上的发言，它包含了我近些年研究、教学发展经济学的一些主要心得与观点。在此作为本书的“代序”。本书前身是20年前由广东经济出版社出版的论文集《走进风险的世界》(1999年第一版)，20年后，承蒙东方出版社的垂青，在此略做调整，集成新书《经济的逻辑》再次出版。总体上说，书中所收的文章，都是原著，未做改动。之所以这样做，也不完全是因为我历来坚持“不篡改自己的历史”，主要还是因为这些文章所涉及的问题本身基本都是“时间中性”的，就是说，它们是经济学所涉及的一般性问题，当年如此，现在也是如此，人们的经济行为是有一定逻辑的，时过境迁，当然表现形式会有变化，但基本逻辑是不变的。也正因如此，经济学的基础理论才是具有一般意义的，在不同的条件下、在不同的时间中，都可以应用。再版此书时所做的调整，主要是删去了两三篇完全是评论当时一些事件的文章，那些事件当时对我们来说还很新鲜，现在大家已经司空见惯，所以再拿来看就是浪费时间了。另外是对有些文章的标题进行了改动，以使读者较直接地了解到它们要涉及的问题。在编辑此书的过程中，自然会出现要不要新添一些分析当前时事文章的纠结，最后编辑们还是同意不做此举了，以保持全书的一致性。作为弥补，我把这篇针对当前时事（中美经贸摩擦），但又是分析经济学基础理论（发展经济学）的论文，作为“代序”，略补一下“时间的缺口”。这个题头脚注，也就作为本书再次出版的说明，不再写前言或后记了。

一、“发展”是“落后国家的较快增长”

首先，长期以来经济学家似乎一直没有说清楚的一个问题是：增长理论与发展经济学的差别是什么？为什么有了一套增长理论，还要有一套发展经济学理论？它们之间的关系究竟是什么？打开每一本发展经济学的教科书，前言都要讨论这个问题，但似乎都没有说清楚。有的人说，增长理论只涉及 GDP 增长，发展经济学还要有制度的变迁、社会的进步等。但是，现在的增长理论已经把制度改革、制度效率的提高，作为经济增长的一个重要因素了，已经不是过去理论中仅仅讨论劳动和资本这两个要素了，这样一来，二者的区别不就消失了吗？至于说到社会和文化的进步，它们从来与经济增长相关，但从来是社会学和人文学科研究的专题，经济发展理论不可能包罗万象，包涵一切与“人的发展”相关的问题，也不应该“入侵”到别的学科领域“包打天下”。

发展经济学究竟与增长理论的差别在什么地方？发展经济学的特殊研究对象究竟是什么？

这几十年，我国经济在发展，我们都身在其中，我们研究经济的发展，深刻体会到“发展”这个概念的特殊含义。它的特殊性就在于，发展是落后国家的增长！发展经济学所研究的特殊对象，就是落后国家的经济增长！所有国家的经济增长，有其共性，比如都需要劳动，需要资本，需要技术进步和制度改进。但是，落后国家，处处落后，要什么没什么，有劳动力缺少教育，收入低资本少，技术落后缺乏创新能力，体制上存在许多缺陷，不会管理企业和开拓市场，但是，你还得增长，还得在已经被发达国家占领、

“瓜分”了的世界市场上“挤出”一个份额。而且，你还要增长得比发达国家更快，因为只有你的增长速度比它高，你才能够缩小差距、实现追赶，你才能够实现“趋同”。如果美国每年人均收入增长3%，你也增长3%，你永远不能缩小距离，你就**只有增长，而没有发展**！这就是发展经济学要研究的“**发展的悖论**”：**你处处落后，还要比发达国家增长得快**！。

另一个只是增长而不是发展的情况是，200年前英国的经济水平可能还不如我们现在高，但是那个时候英国不是发展中国家，面临的不是“发展”的问题，因为没有比它更先进、更强大的对手和竞争者。而我们今天要面临的问题是在世界市场已经被大国，被跨国公司所占领的情况下，你要挤进去，要追赶，要逐步接近前沿，要接近发达国家的水平，这时候你会遇到一系列的问题，包括今天遇到的中美贸易战的问题，遇到的华为的问题。这就是发展的特殊问题，也就是发展的特殊的难处，也是“发展的悖论”的一个内容。

因此，在这个意义上，发展经济学所研究的就是落后国家与发达国家的关系问题，就是研究在发达国家已经占领市场的前提下，落后国家怎么能够增长的问题。这就是今天我们所面临的问题。我们今天可以进一步地看到，发展是多么困难的事情！开始的时候是你因为处处落后难以实现持续的增长，然后，你发展起来了，有了一定的实力，你又会遇到新的难题：除了继续存在来自强大对手的竞争之外，发达国家还可能会动用非经济手段，动用国家机器，来“打压”你的企业，抑制你的发展，对你进行技术封锁，与你打贸易战、技术战，尽管还不是真正的军事战争。

只有在发达国家与落后国家的关系中，才能理解所谓的“发展问题”。只有在这种国际关系背景下落后国家如何实现增长的问题，才算是“发展经济学的问题”。只讲一国自己，就只是增长理论的内容。

二、“增长的要素”

发展经济学与增长理论的区别就是：增长理论是“一般理论”，它研究任何国家，无论是发达国家还是发展中国家要想实现经济增长，都无一例外需要拥有哪些“增长的要素”；而发展经济学是一个“特殊理论”，即在一般理论的基础上，特别地研究落后国家的经济增长。这一节我们就先深入地分析一下“增长的要素”，从这个角度来看发达国家与落后国家的差别。下一节我们再在此基础上，研究落后国家如何发展，如何利用好“发展的要素”。

最近几十年，增长理论本身发生了很大的变化，增长的要素已经由最初大家知道的劳动和资本，发展到把技术进步、制度进步都作为增长的要素。最初，生产函数、增长模型当中只有两个要素，即劳动和资本（转化了的物质资源）。后来，人们开始用技术进步来解释计量模型中无法被劳动和资本所解释的“残值”，即“全要素生产力”。再后来，随着制度经济学的发展和人们对现实中制度改进导致效率提高的认识的深化，越来越多的理论已经把制度分析纳入了主流的经济增长问题的分析。因此，现在研究增长理论已经不是两个生产要素了，可以说是四个“增长要素”。也正是在这个意义上，我们现在研究增长和研究落后国家的发展，我们的眼界要超出劳动和资本本身，不仅仅是人口和储蓄导致增长，资本积累导致增长，而且更加关注的是技术进步，关注的是制度的改革，这也是我们这些年正在做的事情。

从这个角度来看，落后国家即发展中国家，与发达国家的差异就在于要素禀赋结构的差异。落后国家可能是劳动力人数不少，但是教育水平较低，算下来“人力资本”并不多；落后国家收入低，资本积累的水平就低，也就是“没钱”。更重要的还在于科学技术水平和创新能力上的差别，在于市场机制配置资源的效率的差别。总之，前面所说的“处处落后”这句话的含义，就在于落后国家之所以落后，就是因为在增长要素结构的落后，优质要素相对较少。收入水平低，产业结构落后，只是表面现象，“要素结构”落后，才是最深层次的原因。

发达国家往往在增长要素的四个方面都处在领先的地位，而发展中国家在这四个方面都处于不利的地位。我们 40 年有了长足的进步，但是我们仍然在技术上有我们的弱处，市场经济配置资源的效率仍然不高。从最近中美贸易战，美国打压华为等事件中我们可以看出，由于我们科技创新仍处在追赶的过程中，许多关键技术还较落后，才容易被发达国家“卡脖子”，这仍然是我们的弱项。体制改了 40 年，但是仍然有很多要改的东西，市场配置资源的作用还是不充分、不健全，经济效率仍然较低。我们要把自己的事情做好，最关键的还是怎么深化体制改革，真正发挥市场机制在资源配置中的决定性作用。增长理论基本的东西说明了我们的差距所在。发展中国家，就是要看到这些差距，在最基本的层面上，制定我们的发展战略，从落后国家的角度来思考增长的问题，认真思考我们如何大力发展教育，培养和吸引人才；思考如何发展资本市场和金融体系，有效利用资本；思考如何发展基础科学研究和底层技术研究，如何形成科技创新的能力和体制机制；思考如何进一步深化改革，扩大开放，把自己的事情做好，才能持续发展，别人想扼制也扼制不住我们的持续增长。

这里需要再强调一下的是要素结构与经济结构的关系问题。过去人们知道 GDP 只是一个表面的指标，所以需要更多关注经济结构，较好的经济结构才会产生价值较高的收入。但是，**有什么样的经济结构，取决于有什么样的要素结构**，或者说就是“要素禀赋结构”（禀赋在这里的意思是到今天为止你有的东西），包括技术的水平、体制的效率、人力资本的结构以及资本积累的水平。要想有更好的、更高级的经济结构，你需要去努力发展和增长那些优质的要素，去改善这些要素结构，你才能够真正获得持久的增长，而不是像“大跃进”那样以为只要大炼钢铁，有了一个经济结构的飞跃，就可以成为强国，可以“超英赶美”了。由于要素结构没有变化，这种赶超的结果只能是浪费了大量资源，并不能真正改变经济结构。基础性的要素结构没有改变，经济结构人为地发生短期的改变，最终是不可持久的。20 世纪 50 年代的现象是大炼钢铁、重工业赶超，最近这些年的现象是“提升服务业比重”、唱衰制造业，都是同一类型的问题。

三、“发展要素”：用好相对优势

处处落后，还要更快地增长，发展中国家怎么办？在要素结构的问题上处处落后，就需要寻找一些“发展的要素”，即一些可以在某些领域里获得竞争力的“相对优势”，实现经济增长的起步，并一步一步地改善增长要素的结构，实现持续的增长。

所谓的“发展要素”简单归纳起来是三点：

第一，比较优势。劳动力便宜，就可以在劳动密集型产业中获得劳动成本相对较低的竞争优势，为落后国家挣得“第一桶金”。

第二，后发优势。后发优势讲的是作为后来者可以通过花钱引进受专利保护的技术，缩短研发的进程；可以通过学习和模仿、利用前人所积累的很多不受或已经不再受专利保护的大量的技术和知识，包括社会科学和管理学的知识，来加速我们的发展；我们可以学到别人发展过程当中的一些经验与教训，我们可以少走弯路，节省试错成本，可以走捷径，等等。

第三，一个相对比较小的优势就是“本土优势”，指的是在世界市场一部分的本国市场，本土的企业、本土的竞争者在一定时期有一定的信息与文化优势。迄今为止的研究表明这个相对优势的确存在，但起的作用不是很大。相对优势当中最重要的还是前面所说的比较优势与后发优势。

在这两个主要的相对优势中，哪个更重要？一些学者反复强调的是比较优势，打开任何一门发展经济教科书首先讲的也是比较优势，客观上说一个落后国家在一开始也就只是有廉价劳动力这一个发展要素。但是，如果只有这个要素来支撑增长，增长不会持续，也解释不了像中国这样的 40 年的持续增长。中国还是人口大国，我们 30 年左右遇到了劳动力短缺（当然我们有我们的特殊问题导致农民工在城市住不下早早就退出了劳动供给），其他人口小国用不了几年劳动力就会用光，还怎么发展？现实中，很多发展中国家也是因为仅仅发挥了比较优势，没过多久，经济就出现了停滞，经济增长就没能实现一个长期持续增长而真正缩小差距的过程。

要解释中国最近这20多年的持续增长，最重要的已经不是比较优势，而是“后发优势”。因为后面的20年里我们看到的已经不仅是劳动密集型产业的发展，而是看到各行各业的发展，看到了技术的进步，看到了高新科技产业的产生与发展。这里就要注意到比较优势与后发优势的差别。比较优势是较低的劳动成本产生的竞争力。但有这种竞争力的只能是在一部分产业当中，即劳动密集型产业当中，而且只是在比较低端的、不需要很高技能组装与服务环节上。而后发优势不一样。它的本质是以较低的学习成本和试错成本，缩短差距，它可以发生在所有的领域、所有的产业当中，使得经济取得全面的增长，形成较为完整的产业体系。而且它不仅在生产活动中存在，在诸如制度改进等这些领域里存在着。作为后来者，通过在开放的过程当中，学习、模仿、引进、吸收，使知识和技术的增长可以更快地接近技术的前沿。中国40年高增长，后来这20年，应该说我们越来越多的是依靠这个后发优势。

2018年诺贝尔经济学奖得主保罗·罗默（Paul Romer），强调的是知识创造知识，知识的“外溢效应”。他们用这个来解释发达国家为什么还能够增长，叫作“内生增长理论”（endorgenous growth）。我们也可以借用这个理论来解释我们的发展，用“知识外溢”这个概念思考后发优势，那就是：后发优势就是通过对外开放，融入全球化；通过国际交流，得以把发达国家的知识“外溢”到你这个地方来，外溢到落后国家的经济当中；通过学习和模仿，我们可以尽快掌握人类已有的一些知识，取得比较快的进步。

这里我用“模仿”这个词。讨论后发优势，离不开这个词。问题在于，发展中国家模仿不丢人！现在有人把我们的技术进步都归结为偷窃，这是无理取闹。我们当然不否定落后国家总会有一些违反知识产权的事情，但是一方面中国每年花300多亿美元买知识产权，加速产业升级，另一方面，我们学习、模仿大量的不受或已经不受知识产权保护（off-patent）的那些知识，这就是所谓的“后发优势”！中国做对的一个十分重要的事情就是：我们很早就实现了大规模、全方位的开放，让世界上各种先进的知识得以“外溢”到我们这里来！我们很早就开始引进外资，它们带来的不仅是资本，更重要的是知识，包括技术和管理的知识，尽管它们谁都不会“被强迫转移”核心技术。我们很早就开始派留学生，积极参与国际学术交流，都是学习的过程。后面我们这些年的发展就得益于这种在开放与交流中迅速增长起来的知识！是开放与交流，使得发达国家大量的知识存量得以外溢到我们这里来。对发达国家来讲，知识存量产生知识增量，而对于发展中国家来说，一部分知识存量转移到其他国家去，也是一种“知识外溢”，因为它是发展中国家的知识增量！

回到现实中来，以上的分析说明，我们过去恰恰是做对了！包括我们的全方位开放，包括引进外资，包括我们的学习交流，有了这些，才有这40年的持续增长。而现在美国人要做的就是把这些知识外溢的“通道”都封锁起来。现在中国学者谁能去美国访问、去哪个部门都成了问题；中国学生能到美国学习什么专业现在也成了问题，据说麻省理工学院2019年一个中国学生都没招，就是想断掉知识交流的通道。美国人看到了这个问题所在，并在这里做文章来抑制我们的发展，这恰恰说明“后发优势”是多么重要！

最近发生的这些事件、我们经历的这些历史，都给了我们新的资料，让我们认识到了发展的困难，认识到了未来发展的历程，也使我们得以更加清晰地分析发展经济学的逻辑。

概括地说，落后国家的发展都要经历这么几个阶段：第一，纯粹依靠比较优势；第二，进入比较优势与后发优势同时起作用的时期，这里的前提是你要在一开始的时候，也就是在第一阶段的时候，就要开始对外开放，学习模仿，主动地受益于“知识外溢”，假以时日，才能在后面的阶段上接续起来，支撑发展；第三阶段，继续学习模仿，同时也到了加大自主创新的阶段了；我们现在就到了这个阶段，发达国家的技术封锁也迫使我们必须进入自主创新的阶段了。再高的一个阶段，是成为世界创新体系的一个组成部分。希望我们作为后来者能够维护这样一个体系，就是一个开放的世界体系，不可能一个国家、一个企业所有的东西都做，都要合作、互利，大家专业分工、互通有无，在一个全球化的进程当中可以实现更有效率的发展。当然了，那个对我们来说还是后话，我们现在是处在第三阶段的开始，我们在许多领域里仍然落后，仍然在基础科学和底层技术上走在后面，仍然要努力学习世界上一切先进的东西，但我们的确也到了自主创新的阶段，也是只有这样才能突破技术封锁。

我们能不能在过去基础上有更大的、持续的发展，这确实要取决于我们是不是能够做得更好，自己把自己的事情做好。首先是改革能不能深入，能不能提高我们体制的效率，真正发挥市场配置资源的作用。其次就是能不能在自主创新上实现真正的突破。科技创新这些事情不是政府补贴能够补贴出来的，不是政府“决定”就能发展出来的，而是要通过一套机制，以知识产权为核心的投资机制、激励机制，才能使得创新不断地发生。

发展中国家遇到的一些困难，遇到当前我们遇到的这类问题，其实是符合逻辑、符合规律的，从一开始我们就说所谓发展就是在有人比你先进、比你强大，而且他们已经统治了市场的情况下我们要赢得一席之地，是一件多么困难的事情。所以，面对像中美贸易战这样的事，我们也不必太过于觉得不可接受。世界本来就是如此，不以我们的意志为转移，我们要做的只是准确地分析它、认识它，然后就是用好我们的发展经济学理论，应对它、破解它，做好自己的事情，努力实现持续发展。你持续发展了，它才会认识到封锁、打压也不起什么作用，情况才能向好的方向发展。

2019 年 6 月 1 日

前　言

这里收集的是我20世纪90年代写下的一些可以被称作“经济杂文”的文章。“始作俑者”，应该说是《经济学消息报》的主编高小勇先生，该报创办不久，他就有了办“专栏”的想法，约我开个头。我当时感到他原来的想法是要在报纸上有些“时评”一类的文章，我也曾设想如此去做，就宏观经济的走势、当时争论较多的话题发表看法，但一旦下笔写去，却又觉得有点一般化，况且这类文章在什么地方都可以登，为什么偏要在“专栏”里做？不如弄得有点个人特点、有些新意，用一种通俗的语言，一种较为轻松的方式，介绍一些经济学的道理。于是有了《“皇冠上的明珠”》《“骗”出一套新体制?》《从经常学界的两位“诗人”说开去……》一类的文章。

《经济学消息报》上的专栏文章的特点是文字较短，内容与形式相对较为多样一点，特别是因为知道读报的人们多是经济学研究者或经济工作者，对经济学的问题都有所了解，因此后来写了好几篇关于经济学方法论、经济学基础理论、中国经济学发展等方面的文章，与读者们讨论。也可以说，在《经济学消息报》上的一系列文章，并没有一个较为统一的形式，更为“统一”的一组文章，后来出现在《经济导刊》上。该刊编辑部主任乔桐封邀我主持《经济沙龙》专栏，每期一篇，面对较为多样的读者，专写一事一议、深入浅出、通俗易懂、解疑释惑的文章，文章的篇幅也较长一些，容许把道理说得更透彻一点。于是，在乔桐封的“催逼”之下，两月一次，定期发出，三年的时间，形成了《为什么会有“小贩扎堆”?》《街头公用电话中的经济学逻辑》《从居民楼无法通邮说起》《“吃青春饭”与“信息不对称”原理》等一组形式较为统一、篇幅基本一致、内容也主要是讨论经济问题与经济现象，而不是讨论经济学理论及方法论的文章。

应该说本书从头到尾都属“经济杂文”，也是想用通俗的方式，用经济学的道理与方法来说明生活中、社会上的各种现象。这里收进的几个章节都曾被各种报刊以不同形式摘选刊登过。

我想，一名经济学研究者至少应当会写三类文章：第一类是面对“圈内人”写的专业论文，即用专业的术语，讨论经济学专业研究人员感兴趣的理论与实证问题。这类文章可称为“专业论文”，刊登在专业杂志（如《经济研究》）上，而这类杂志原则上说非专业人士也是不看的。第二类是专对制定经济政策的人们（既包括政府的决策人，也包括公司企业的决策人）所写的有关经济政策的分析性文章。这类文章要求把理论模型用较为通俗易懂的方式表达出来，以使各方面官员和研究人员得以讨论。这类文章可以称作“政策文章”，报纸杂志上多数文章应属此类。第三类，就可称作“经济杂文”了。经济杂文就内容来说，既可以讨论一个理论问题，也可以讨论一个政策问题，从形式上说也是要求通俗易懂，因此不同于专业论文。但我想这种“杂文”与“政策文章”的一个重要区别是前者的目的不是“对策”，而是“解惑”。解惑当然也有益于对策，而且是对策的前提与基础，但它不直接提供具体的政策建议，而只是力求说明一类经济现象，说明一个经济学的道理。从这个角度看，经济杂文与经济学的“专业论文”性质更加接近，因为二者的主要目的都是“解惑”。有的人总想让“专业论文”直接提出一二三四条政策建议，其实是“难为人”的，专业论文“解惑”，就完成了它的任务，下面的事应由另外的政策文章以及另外的政策研究人员去办。

当然，经济杂文与其他经济类文章的另一个重要区别恐怕就在于它要求语言文字更加生动些，不像专业论文与政策文章那样枯燥。又要理论正确，又要深入浅出、说透问题，又要生动活泼、引人入胜，这应该说是对作者们的一大挑战。

从读者这几年的反映来看，我想人们是需要经济杂文的，因为它们起到了普及经济学知识、帮助大家理解各种经济与社会现象的作用。在我们这个经济学基础知识教育还不普及、不发达的国家里尤其是这样。南方一家报纸曾登过一篇文章，希望我多写，甚至“主要写”经济杂文供大家看。现在出版这套“经济杂文集”，也是反映了人们对这类文章的需要。

从我个人来说，倒并不是由于人们拉我写经济杂文才被动行事，而是因为我自己的确喜欢在刻板的专业论文之外写些轻松一点、活泼一点的经济杂文。把对经济学的一些了解与体验，用较为通俗、形象、具体的方式写成大家较容易接受的文字，应该说也是一种享受（这并不否定写专业论文也有它特殊的享受）。但我也不可能写得再多，这几年约我写专栏的报纸杂志还有若干家，我都没有允诺。毕竟，我还有其他的研究要做，有其他的文章要写，不能一天到晚总写杂文。人的精力总是有限的，一篇千把字的小文章要想写好也要费一番心思，花一定的时间，还要放一放润色修改，并不像有人说的“随手的事”。杂文写得太多，其他的事就别干了(这一点请被拒绝的报纸杂志谅解)。不过无论如何，能为经济学知识的普及做一点贡献，是我们这些人的一大快事。也希望读者们能从这些杂文中读出些乐趣，从而提高对学习经济学、研究经济学的兴趣。经济学本身会随着懂得它、研究它的人数的增加而增值，虽然我们这些人会随着在同一市场上“竞争者”人数的增加而贬值。

1998 年 10 月 27 日

第一章

没有风险也就没有市场

市场、风险与制度

中国经济经过这几年的“折腾”，人们的风险意识已经越来越强了。想想两年前的情况还大不一样。那时政府机构、公司企业投资、置业，很少有几个能多想一下可能存在的风险，总以为生产出的东西总会有人要，市场价格会一个劲儿地往上涨，建了开发区总会有人来。个人买股票，几乎是见了就买，连哪家企业发的股票、企业生产经营什么、状况如何、赢利前景如何，都可以一概不问，相信股价会不断地上涨，不会有崩盘的一天，总以为只要人气高、实力强、资本雄厚，什么经济规律，什么市场法则，什么决定金融资产市场价值的基本要素（Fundamentals）都不在话下，都不起作用。有的人甚至认为什么风险理论，在西方适用的，在中国不适用，中国的市场就是不一样，等等。当然我们中国的市场现在还远不是成熟的、安全的市场，因此才会有更大的波动、更多的反复，但毕竟市场法则已经开始起作用，已经开始了几番波动，许多人被套住，亏了本，还有人跳楼自杀（由于我们的许多投资者“预算约束是软的”，所以自杀的人不多，这是一件“憾事”）。但这样一来，人们的风险意识也就逐步培养了起来。1992 年至 1994 年一轮宏观经济波动过去之后，许多老板感叹，今后再做生意，先得考虑风险了！个人投资者买股票时，也在考虑市场的涨跌问题了，股价稍涨了涨，人们马上在想什么时候会落，不再相信它会无限地涨下去。

这就向我们提出了一个问题：怎么才能使人们有风险意识？靠学者、专家去向人们宣传、灌输风险意识？不能说完全没有作用，但实际上用处不大。投资者、商人讲的是实际，理论再漂亮，他也得在实践中“撞了南墙”才会相信。从这个意义上说，不可能人们先有了风险意识再发展市场经济，而只能是相反，先发展市场经济，让市场波动起来，才能使人们在市场的波动、盈亏的变动中逐步树立起风险意识；不发展市场，不让市场运转起来，只是在纸上告诉人们有风险，人们便总有一种“狼来了”但总也不来的感觉。没有实际的风险，没有实际的亏损、破产、倒闭、被套等发生，你怎么能让人们在实际中感觉到风险及其后果（有风险又怎么样?），又怎么能有风险意识？把市场发展停下来等人们的风险意识养成、风险管理搞好了再搞市场经济，结果是既没有市场，也没有风险意识。西方市场经济国家中市场上每天每个投资者都在谈风险，大的金融公司都有专人或专门的机构研究风险或进行风险管理、风险控制等，是他们几百年市场经济发展、市场波动的结果，而不是因为他们的理论家做了更多的宣传。所以说，现在要想培养起人们的风险意识，首先还是要大力发展市场本身，而不是限制它的发展。

我们通常所说的风险可以根据其原因的不同而分成两类：一类是交易当事人之外的各种不测因素决定的，即那些不依交易当事人主观意志而转移的外部事件。以证券市场为例，通货膨胀率的变化、利率的调整、政府货币政策的改变、国际市场的波动、战争的爆发、天灾的发生等，虽然就整个经济来说有的因素是内生变量，但对于证券市场上的交易当事人来说，却是外部事件（政策变化时有人知道内部消息是另一回事），但它们都能造成市场的波动、价格的变化，对交易者来说具有风险。人们可以利用知识对这些“外部事件”进行分析、预测或猜测（“专家”的作用正在于此）；不同的判断，引起不同的决策行为，有的会抵消市场的波动，有的则会加大市场的波动，还会使市场的风险性加大。这里有必要一提的是政府政策这个因素。政策是由许多因素决定的，政治因素、社会因素、意识形态因素、决策者水平的因素等，但更重要的还是经济的因素，主要就是经济利益的因素，不同经济利益集团的冲突是决定政策的重要原因。市场上“炒家”是一个集团，除了这个集团之外，经济中还会有许多其他集团，也都在想着如何发财、如何得利、如何使自己的利益得到保护，他们也会游说政府，或者是通过各种“抱怨”对政府施加压力，影响政府的政策，迫使政府不得不考虑他们的要求，从而引起政府政策的变化。对于市场上的炒家来说，政府决策人的想法、处境，其他利益集团的行为和在各种情况下的要求，也是一种决定市场情况的因素，也具有不以自己意志为转移的风险性，也是需要在“博弈”过程中加以考虑的。如果只想着经济中有自己的利益，只期望政府的政策符合自己的利益而不会反映其他集团的利益，是一种幻想，也是不懂经济规律，早晚也会吃亏的。

另一类风险，则是交易当事人行为本身的难以预测性。不说涉及众多交易者的证券市场，即使一般的一对一的生意，对任何一方来说，也是有风险的，除外部事件的风险之外，十分重要的一种风险就是可能受交易对方的“骗”。我们每个交易人，可以知道自己的行为特征，比如自己的履约能力、诚实程度、还债能力、稳健与否等，但是，在许多场合，特别是在与陌生人交易的场合，我们不知道或不完全知道对方的行为特征，不知道对方是否诚实可信，不知道他是在认真地与你做生意，还是在设圈套骗你，或是在进行冒险赌博；也不知道他办事是否牢靠，情绪是否容易波动，是小心谨慎，还是毛毛躁躁，是否容易听信谣言、容易改变主意；也不知道他是喜欢小心稳重的生意人（学称“风险规避者”），还是专爱冒险的赌徒（学称“风险喜好者”）等。所以你在做生意之前，也得花些人力物力对对方的各方面情况作些调查研究（这就是所谓交易成本的一部分）。但调查得再仔细，还是有些情况不得而知，所以也得猜测，不可避免地也具有风险。这种由“当事人对方的信息不完全”所引起的风险，在“人多”的市场上，特别是在多数人“赌”一种或有数种交易对象的证券市场上，会特别地重要。市场上涉及的人越多，人们行为的不可测性越大，一个人的一种心情的变化，也可能（因一系列他人的连锁反应）引起市场的一个大的波动，许多人在那里变来变去、赌来赌去，加上有许多拿着公家的钱玩的人，许多“赚了算我的、亏了算你的”、自己本来一点财产也没有因此不怕破产的“空手道”赌徒，市场就更是不可捉摸。再加上有“大炒家”的存在，那种不可预料的故意靠势大而掀动市场、制造波动以从中谋利的行为，更是市场波动的重要原因之一。所以说，证券市场上的风险，除了“天灾”，还有“人祸”。“人祸”作用较大也是证券市场上的风险较大的原因之一。在市场发展的初期，“人祸”的作用会特别地大，也是初期市场上风险大、波动大的原因所在（这就是市场规律，而不是像有人认为的那样没有规律）。

市场上人人都想多赚钱，而且往往是想“赚别人的钱”（在许多零和博弈的情况下就只能是赚别人的钱），所以人人都想尽可能地隐藏自己的信息，又尽可能多地打探别人的消息，那么市场的风险能不能减小呢？不可能完全减小，但可以部分地减小。但这不是靠人们良心发现，也不是靠“教导”人们大公无私、诚实交易等，而是靠合同（少数交易之间）、靠法制（法制、制度本身就是一种社会合同）、靠规章。制度是人与人之间打交道时的一种行为规范，是市场上交易各方利益分配与保障的规则，因此它的作用主要不在于防“天灾”，而主要是在于防“人祸”，其作用原理就在于：通过设定一定的行为规范，规定在各种情况下的利益保障办法，并且在有人违规时实施有效的惩罚，从而使人们的行为具有一定的可预测性——当人们知道对方违反制度会受到惩罚的时候，人们仍不能绝对地确定对方不会干违规的事情，但至少可以知道对方会通过自身利益的算计，在一定范围不做对自己不利的违规的事，从而减少了市场的风险。由此也可以知道制度不仅是一套纸面上的规则和如何惩罚的条款，而且本身也包含制度的执行，即行为的监控（不能有效地监控，许多犯规行为就不会被揭露）和惩罚的实施（不能执行惩罚的法规等于不存在这种法规）。

制度不可能是一下子就完善起来的。再聪明博学的专家也不可能预见到各种可能出现的情况，不可能预见到人们会如何在实践中创造出千变万化的各种新的手段、新的方法来侵犯他人利益、逃避制度的惩罚。任何制度、规则都只能在人们不断交易、骗局不断发生、丑闻不断出现的过程中逐步使制度、规则完善起来。市场不仅是一个无数交易当事人相互博弈的过程，也是管理者与被管理者、执行者与“犯法者”不断博弈的过程，是骗子们不断创新其骗术，防骗的人不断创新其防骗制度的过程。好的制度不在于其完善，而在于其可以一方面允许人们不断地交易、创新（取消了交易，也就不必再有制度)，而另一方面又能够使制度不断地得到修订与完善。骗局、丑闻给人们的教训不仅在于使人们认识到市场风险的存在，也在于启发人们如何去进一步完善制度，如何通过制度创新以控制风险的扩大。金融工具的不断衍生其实正是一种市场交易手段的创新（另一层意义上说也就是“骗术”的创新)，相应地也就要求有交易规则、风险控制机制（无论是市场管理方面的风险控制机制，还是金融公司内部的风险控制机制）的不断创新。

天下本来是有风险的，人本来不是能够预见一切的，许多机会也就存在于风险之中。计划经济和管制经济企图取消风险，假定计划者与管制者能够全知全能，结果既使人们丧失了风险意识，又使我们失去了经济增长的机会。市场化进程不是要取消风险，而是要通过一系列制度的改革去创造一种新的尽可能地使大家利用机会同时又尽可能地控制风险的机制，使人们的才能、人们的知识、人们的预见能力在风险中提高，使我们的经济在风险中增长。

这本身也是一个充满风险的过程。但是，我们只能冒此风险，别无出路。

1995 年 6 月

走进风险的世界

今年招博士研究生，在现代经济理论的考试题中，我出了这样一道概念题:“简要定义资本市场的均衡条件。”十分遗憾，几乎没有一个考生答对这道题。正确答案其实十分简单，只需用一句话：“经过风险调整后的资本收益均等。”（即考虑到风险因素所带来的预期损失之后的收益均等）多数考生回答了许多东西，但就是没有答出一个关键词：风险（只要提到这个词，我就给分）。我想这既反映出我们经济理论教学上的问题，同时也许正反映出我们社会的一种现状：还缺乏关于风险的知识。

风险是一个在生活中无处不在的因素，出门怕下雨，乘飞机怕失事，做生意怕受骗，买个东西怕是假货，等等。但在经济学中，风险这个因素在整个理论体系中直到讨论资本、资本市场的时候才出现，并作为一个决定市场均衡的主要因素来加以讨论。这不是没有道理的。其道理就在于：一方面资本这个生产要素与劳动不同，不是短期内投入生产，劳动者随时可以撤出又不会发生很大程度的贬值，资本是一种长期投入品，一旦投入某一生产领域，就很难撤出或转产，任何资本的重新配置都会有很大的一笔沉淀资本发生。另一方面，资本要素又不像土地要素，后者原则上指的是那些不会再生但也不会消失，同时任何经济活动都离不开的不动产，其所有权可以易手，但其本身的价值因其稀缺性的决定（不可再生）从长期看总会随着经济的增长而不断升值（房地产市场当然也会有起有落，也会出现过热升值或一蹶不振，价格在一段时间内偏离其实际价值，但总体上说，土地的价格波动不大），而资本则很不同，它指的是那些在经济活动中可再生也可消失、其价值可以转瞬即逝的生产要素，指的是那些今天已经生产出来但还未被最终消费者认可（马克思称那种“认可”为“惊险的一跳”）其使用价值的东西（如机器、原材料等）。总之，资本的高风险性就在于：它可以一夜

"暴发"，成倍地增值，但也可以一落千丈，赔他个吐血自杀。劳动者（管理者）失业了，"一条汉子"还在，还可以再找工作，尽管收入可能会下降一些；土地这个用途不行了还可转做其他用途，"留得青山在，不怕没柴烧"；而资本一旦贬值，一旦没用了，就是分文不值，倾家荡产，而且会"来去无踪"。再加上资本这个东西所体现的不仅是人与物的关系（即生产函数中的一种投入品），而且还体现着人与人的相互关系，体现着人与人之间打交道的种种利益冲突：它很容易被认识或不认识的人抢走或骗走（广义上的骗，即由信息不公开、信息不对称、虚假信息所造成的利益损失），因此就更多了一层风险，即人世间的"险恶"。

正因如此，市场经济越是发展，资本经营者们的风险意识越强烈。国际上多数大公司，特别是那些从事资本经营活动的大公司，至少都有一个部门专门进行风险分析，都有一位专职副总经理，专门负责风险控制。股民、公众对资本风险的意识也越来越清楚，有关资本风险的许多深奥理论，实际上首先是一般人在长期经营活动中经验积累而获得的一些直觉或常识。比如说，资本理论中说较高期望值的资本一般有较大的方差，这其实是对直觉或长期观察结果的一种理论概括和数学表达，因为它所说明的不过就是"收益较高的资产风险也较大"这么一个常识性的道理。

写此文章的直接起因其实是最近在美国，看到电视上在辩论最近一时期那里汽油涨价的问题，许多人攻击石油公司。说它们内部勾结、哄抬物价，为了高利润而损害消费者。而石油公司代表（是位经济学家，即公开地代表石油工业利益集团利益的经济学家）的回答却颇为耐人寻味，他不去找诸如成本提高、储量变化等客观原因，而是说，从主观上，作为石油公司并没有靠提高价格来增加利润的动机，因为利润突然增大会“赶跑投资者”，其中的道理就在于广大投资者都知道利润率今天突然地高增长，明天就可能大幅度下跌，这样就增大了资本的风险，从长期来看只有坏处而没有好处。因此，石油公司的代表说他们的战略是尽可能保持利润的稳定以减少投资的风险，不愿意做那种在短期内靠提价而提高利润的事。他的这一答辩并不一定说明石油公司的战略多么正确，但无论如何说明了广大投资者，也就是在资本市场活动的公众，对风险的重视和对风险的知识。

在我们国家，长期的国有制基础上的计划经济，也磨灭了人们的风险常识。过去的投资，其实也是有风险的，但这些风险都被掩盖在国家那个“大锅饭”之中了（那也是一个巨大的资产组合），而作为投资活动的直接参与者、经营者、管理者，是感受不到风险的，赔了反正有国家兜着，没有人作为资本所有者受什么损失，继续拿他的那份固定工资。这样一种经验背景，一搞市场经济，就难免准备不足，被风险所耍弄。典型的情况就是股票市场与房地产市场刚刚开放初期，有一阶段市场价值持续高额上涨。这当中有一些客观的原因（主要是因为市场从无到有，最初供给不足），也有大家在缺乏风险意识下的推波助澜，因为那时人人都以为、人人都相信市场就会那么不断地涨下去，只要拿到了股票、拿到了土地就会赚钱，在买股票时甚至都不知道股票是谁发的、那个企业生产什么、经营状况如何、利润率多高；买房地产时只看一眼图纸就敢拍板，都不问问周围建了多少新房，今后会不会有人来买房，等等。直到“泡沫”破灭，许多人惊呼上当，才第一次知道资本市场这个东西不是闹着玩的，它会有起有落，有赚有赔。

要想使人们具有风险意识，靠书生们去宣传、教育风险的理论，恐怕是没什么大用的（就像改革的政策不是来自理论分析一样），对多数人来说风险意识只有在亲身经历了风险、亲自吃了亏、赔了本、碰了壁之后，才会逐步地养成。这也就是说，风险意识只有靠市场经济的发展、市场竞争的展开、市场交易的活跃本身来培育与发展。这其实也是我们这个国家正在发生的事情。股民们上过一次当，现在某一天市价上扬，他们已不会相信这一态势会永久地持续下去，而是高兴之余马上担心什么时候它会下跌，这就是一种风险意识的表现。这就叫作投资者逐步地成长与成熟。

不过还是有人不懂今天过度增长意味着明天过度下跌的道理。比如说现在许多人在叫经济增长速度太慢、经济过冷，总想着再回到前两年“每年翻一番”“增三倍”“增五倍”的高水平。我们要是真的能长久地、全面地（各地一样、大家一样）保持那样的高增长当然是好事，但客观规律是增长速度越高，经济当中不稳定的因素越大，越是可能出现大的波动，像100%～500%的增长率，或者再低些30%～50%那样的增长率一般地说是注定要导致后面的暴跌、紧缩、调控的。作为白手起家的“暴发户”，对于那些现在仍一无所有的后来者，希望发生经济的大起大落当然是可以理解的，因为正是那种高风险的波动为他们提供了大捞一笔的机会（捞走了什么？捞走的是现在一些人手中已经积累起来的东西），捞不到也没有什么损失。一个市场上若都是这么一些“空手道”的玩主，我们也就自然不难理解为什么人们总在那里说中国的资本市场就是与别国的不同（其实只是阶段的不同）。但是作为已经经历了原始资本积累阶段的大公司、大厂家，作为一个国家，却一定要有充分的风险意识，要满足于一个不太高但是能够持续的、较为稳定的增长率，要以这样一种增长率作为政策所追求的目标，防止经济的大起大落，防止公司股票市场价值曲线大上大下地那么“难看”。大起大落的效率损失和收益损失，要比稳步成长大得多。这就是有经验的经济管理者都注重“风险控制”的原因，是好的经济学家不会一味地在那儿鼓吹“大干快上”或一个劲儿地“造市”的原因。

今后也许我们还会有机会再来更深入地分析一下风险的源泉和如何依靠制度来降低风险。

1996 年

市场无需大智慧

市场的发展并不需要大智慧，因为市场本身是可以由最一般的智慧水平的“小市民”以至“鸡鸣狗盗”之徒（出狱改过之后）进行交易并以某种方式相互合作、相互制约的机制。市场的发展，体制的转轨，也不需要特别的大智慧，而只需要一样东西，那就是一种“承认现实”、从现实出发的态度。现实的情况是怎样的，就从现实出发承认什么是可行的、有效的、合理的，就去做什么，市场就会逐步发展起来。开始时可能有许多问题，但总会逐步完善。我们现在的问题在很大程度上其实还是不承认现实、不从实际出发做事情的问题。明明旧的体制已经运转不灵了（比如固定利率制度），还不开始动手改革；明明到处都存在行之有效的体制（比如民营银行和民营的投资基金），仍然不鼓励发展；明明需要尽快开始着手解决的问题（比如国有股、法人股的问题），却拖着迟迟不加以解决，不是缺乏大智慧的表现，而是不实事求是的表现。

解决问题，改进制度，发展证券市场等，并不是一件容易的事情，但这不意味非得有什么超人的大智慧，而只是说要有一个在现实中逐步探索、逐步发展、逐步完善的过程。世界上所有的证券市场、资本市场以及整个市场经济的发展，都不是一帆风顺、不出现问题的；不能指望存在什么大智慧，能在一开始就把什么都设计好，然后“开步走”，或者能在一开始就预知到一切可能出现的问题、矛盾、骗局、风险等，一下子建立起一种完善的体制不使任何问题发生。制度从来是在一个个问题出现后逐步完善的；法律、规章从来是在一个个骗局发生后建立起来的。不让市场发展，自然不会出现问题。但这也就是说，不让问题出现，等于不让市场发展。我们现在有世界上不少市场发展的经验教训可以吸取，有许多其他国家行之有效的规章制度可以借鉴，这有助于我们缩短发展的进程。但抄来的法规要变成市场各方充分理解的、能够真正实施的行为规范，也仍然要有一个出问题的过程。那种能够一下子建立起完善的市场的大智慧，我想我们人类还不具备。

反对发展市场的一个经常说到的理由是人员素质低、没有人会运作，也是说人们缺乏应有的智慧。当初搞股票市场时就有人认为中国还早呢，“谁会搞股票交易”；现在要发展基金，反对的理由之一又是“谁会搞基金”。其实，这些世界各地是个人就能搞的东西，为什么我们中国人就那么没智慧？这些年在我国的现实生活中，基金其实早已以各种形式出现许多了。一个单位里几个人把钱凑到一起让一个“热心人”或“能人”去证券市场上炒作，其实就是形成了一个基金，只不过是处在初级阶段或初级形态罢了，只不过你没有把他们正式请到一个场地中来挂牌，没有正式给它一个名分罢了。这些事实上在搞基金的大小“能人”其实也并没特别的大智慧，他们只要不断操作下去，在实践中成为专业的基金操作者，就能成为这方面的专家。你不让他们发展，不让他们在实践的过程中不断学习、不断积累起经验，阻断他们的专业化进程，反过来又说人们缺乏智慧，其实是在扼杀智慧，也扼杀了市场。

认为人们缺乏智慧，因此无法发展市场的另一个理由是现在各级政府还不会管理市场。其实，市场管理者的管理能力与水平是与被管理者的能力与水平一起发展的。魔高了一尺，道才能高一丈。你不让市场运作起来，不让被管理者“玩起来”，你就永远只会纸上谈兵、奢谈管理，而永远不会学会管理市场。天下没有骗子行骗，人们就不会知道如何防骗。一种经济机制就是一组人们之间互动的关系，互动的双方只能一起成长。这其实也正是市场发展的本意。政府、市场管理者也不需要是具备大智慧的超人，大家都是凡夫俗子，需要的只是使凡夫俗子们积累经验与知识的过程。

市场的发展不仅不需要什么大智慧，而且我想最怕大智慧。计划经济其实最初都是由一些智慧极高的人设计出来的。我们现在最怕的一种大智慧就是自信世界上别人都搞并已证明行之有效的东西，我们可以不搞，自信我们可以搞出另一种市场，一样有效率。市场经济其实不是建立在人的智慧的基础上的，而是建立在人的自利这样一种“本能”的基础上的。自信的“大智慧”否定市场经济的通行做法，还是和计划经济一样，是要否定普通人、一般人、芸芸众生的作为人的本能。按照这种大智慧，我们还会有什么市场呢？

（本文原为上海某报纸组织召开的研讨会“市场需要大智慧”而作）

“市场发育”杂谈（四则）

一、矛盾冲突与历史进程

中国的市场化改革已经在自觉不自觉中走过了16个年头。16年对我们每一个人来说都不是一个短暂的时间，而16年过去了，我们的经济却似乎还是步履蹒跚，每天在生活中遇到的，还是种种的问题，重重的困难，通货膨胀、假冒伪劣、欠债不还、官员腐败、产权不清、法制不力，等等。似乎还远看不到市场经济建成的那一天。总说要“在三五年内建成市场经济的基本框架”，但好几个“三五年”过去了，不知前面还要有多少个“三五年”。于是产生了不少的焦躁。

其实，16年的时间，在历史上只是暂短的一瞬；在市场经济制度发育的过程中，也还只是一个地地道道的初期阶段。人们现在总是在拿西方社会中的市场经济体制与我们现在的体制相比，说人家的体制如何如何地完善，我们是如何如何地混乱。但是，“人家的”

目前的市场经济体制，至少是经过400年的时间、经过反反复复的摸索逐步发育起来的，其中又经历了多少的矛盾冲突、社会动乱甚至战争。而我们中国，在两千多年的封建经济之后，又加上了三十多年的计划经济，然后人们想起来要搞市场经济，迄今为止不过16年的时间，经济的发展水平本身又还很低，在这种情况下，又能要求中国的市场经济体制达到怎样的水平呢？客观地说，16年来，我们已经用相当快的速度走过了别人历史上经历了几十年甚至上百年才走过的道路。由于是后进国家，有先进（先走一步）国家的经验教训可以借鉴，所以我们可能并不需要也用400年的时间来发展市场经济体制，但毕竟，我们也得一步一步地走过处在向市场经济发育过程的各个必经的阶段。在我们所处的这个初级阶段上，你能期望什么？期望没有问题、没有混乱、没有冲突、没有矛盾？中国人已经够聪明的了，我们可以学习别人的经验、吸取别人的教训，根据中国自己的情况进行市场化改革，但我们不可能聪明到一夜之间干成全部事情、一夜之间消灭全部问题的地步。那不是人，而是神，是神话。现实的改革与发展，一定是充满矛盾、充满冲突，也一定是不尽如人意的——各个利益集团会从各个角度获得实惠，也会从各个角度提出自己的不满，还会有的集团获益多些，有的集团获益少些，有些人甚至会受到利益的损害。只要没有神或者超人在天上重新分配人间的利益（这是改革的本质所在），就会存在不合理分配，会存在利益冲突。

我们不能期望没有冲突，问题是在冲突背后的大趋势是走向崩溃还是走向和谐。举一个例子：笔者曾在西方报纸上不止一次地读到过中国即将发生“内战”，出现“军阀分裂”之类的说法，依据是中国各地区之间经济发展和收入水平的差距近年来在逐步扩大，相互间的利益冲突有所加剧。但是，在中国的现实中，有着更基本的事实使冲突向着合理解决的方向转化。第一，只要随着市场化改革的深入，经济中的各地区、各部门、各集团正日益更加紧密地在一个统一的国内市场上相互依存，割裂市场的动机对任何人来说只会是越来越小而不是越来越大。发达地区会越来越依赖于不发达地区的资源、劳动力和产品市场，而落后地区会越来越依赖于发达地区的资本投入、技术转移与劳动力市场，总之是在经济上的相互依存程度会越来越高而不是越来越低。第二，一个以年均9%～10%的速度增长的经济，尽管有收入分配不公、有通货膨胀，绝大多数人的实际收入仍会每年有所提高，人们的生活状况总会有所改善，而在一个多数人的境况有所好转的情况下，人们总会更多地倾向于通过合作来解决问题，而不是试图分裂来另起炉灶。还有一些其他方面重要的政治与经济的因素推动着中国朝着统一大市场的方向发展，这里不一一列举。退一万步说，一个12亿人口、人均收入水平在世界上还很低的国家真的发生了混乱，谁能获得好处？正如不少有识之士所指出的那样，那将是一个世界性的灾难，是一个谁都承受不起的悲剧。这不是说我们可以无视现实的矛盾，无视潜在的危机，不抓紧时机进行改革与调整，也不是说问题可以自然地得到解决，但历史的进程是有一定规律的，决定历史发展的基本因素是可以分析出来的，矛盾冲突的存在不一定必然导致“分裂”或“崩溃”的发生。

二、有序与无序

市场不是一夜之间就能建立起来的；而在市场化的漫长而痛苦的过程中，由于旧的规则还没有完全消亡，新的规则还不完善或还没有建立，难免出现一些混乱，显得有些无序，因而很容易引起一些人的惊恐，似乎天下大乱。其实这是非常正常的事情，没有出现一些乱子，反而是不正常的，或者说明改革根本没有取得实际的进展。比如当前令人瞩目的一个现象是骗子增多，假冒伪劣盛行，引致许多人惊呼世风日下，有的甚至责怪搞市场经济搞得人们道德沦丧。其实如果我们承认人非圣贤，承认总会有些人要利用各种可能的机会和制度上的漏洞，用各种可能的办法为自己谋取一分利益，我们就应该承认在体制改革的最初过程中，假冒伪劣多了一些是十分自然、十分正常甚至是十分可喜的现象。原因正是在于：改革是一种破旧立新的过程，旧的一套体制、规章以至与之相适应的道德规范、行为准则正在解体、失去效力，而新的市场经济的规则与规范还没有完全形成，还不完善，人们还不知道怎样在新的体制下保护自己的利益、谨防坑蒙拐骗，经济生活当中就难免出现一些制度真空，可供“小人”们钻的空子也就会多起来。假冒伪劣的事情多了，正说明我们的改革正在深入进行。信用之类的东西不是因为其美好才被人们所信奉，而只是因为它有用、有利，才被人们所遵守。事物发展的这一逻辑，一方面表明在新型的商业道德确立之前，总难免有一个假冒伪劣泛滥的过程，另一方面也说明，有利于大家诚实合作的市场经济体制，往往正是在大家你骗我、我骗你的过程中逐步形成的。有骗人的，就有人要防骗，那防骗的过程，其实正是制度的形成过程。比如合同或“契约”(社会制度则可视为社会上大家共同接受的一套契约)，就是为了防骗而产生的。虽然有国外一些现成的规则可供参考借鉴，但有中国特色的骗子总得我们自己对付，所以新体制有赖于我们自己在与各色骗子的周旋中逐步形成、掌握和应用。我们谁都不是先知先觉的，不受骗不知防骗之重要，不受骗难学会防骗，所以在一开始不可能把一切规则都搞得很完善、很精细，总要有一个过程。骗子一多，大家都引起重视，新规则才能普遍地形成；打假办的建立，“质量万里行”的举办，消费者协会的发展，“消费者权益法”的通过，等等，都是市场经济制度逐步建立和完善的一种标志。

有序都是从无序中发展起来的。市场化改革要破除多少年形成的一套旧体制，若一开始什么事都很有序，那才是真正的无序，因为那样一来就不可能发展起市场经济的新秩序。同时，任何秩序要想有效率并能持久地存在，都是因为它符合了当事人的某种利益需要，或是增进自己利益的需要，或是防止别人侵占自己利益的需要；真正有效的秩序，都是在无序之中通过当事人自己的相互交易、契约和反复试错而逐步形成的，而不是由专家们或某种权威从上面教授而成的；即使我们事先设计或引进的规则或秩序是正确的，也只有通过人们在实践中的反复尝试以致吃过亏、上过当、受过骗之后，才能为人们所接受，成为人们愿意遵守、维护的新秩序，它也才能在实践中立得住，才有其生命力。比如现在没有一种证券市场的规则不是要求买方仔细审查卖方的可信程度的，但在证券市场形成初期，种种原因就是会有许多人见到证券就买，都可以不顾谁在卖；吃了几次亏，出了几次风波，人们才有了风险意识，才会不仅遵守规则，而且要求政府建立规则、加强法制，法制建设也才成为经济中一种“制度需求”。市场化改革还要经过很长时期的过渡才能完成，在这个过程中难免会有许多无序的现象出现，我们只有能在其中看到积极的趋势，才能更积极主动地推进市场化改革，推动由无序走向有序的进程，而不是一看到出了点问题就取消市场，把市场发育的进程停下来，把我们的经济拉回到旧的“有序”中去。

三、依赖“专家”还是依赖民众

市场经济机制便可定义为在人与人自愿交易基础上协调人们相互关系的一种社会规则。它作为一种经济运行机制的基本特点，就是它的运行首先依赖于一般的个人、依赖于民众，依赖于他们自主而自愿的行为，而不是像计划经济那样依赖于少数的“专家”、依赖于“精英”，依赖于他们对民众或个人的“指导”。传统的计划经济体制和以往的某些社会主义理论给我们留下了一份相当根深蒂固的“精神遗产”，那就是不相信民众之间自利的行为和互利的交换能够使经济有秩序地运行，只相信“专家”或“精英”们的理性与智慧。这种可以称作“精英治国论”或“专家治国论”的思想总是认为：一个由受过良好教育的专家组成的政府或计划当局，第一能够知道民众的物质与文化的需求偏好是什么，因而知道所谓的社会福利或全民利益是什么；第二能够根据这种被知的需求偏好有计划地组织社会生产使其得到最大限度的满足；而个人自己，却并不知道自己的利益究竟是什么，特别是不知道什么是自己的根本利益或长远利益，个人自己在市场上追求自己的眼前利益，一定是

"无政府主义"，一定不能导致社会福利的最大化。总之这种思想的核心就在于：民众个人是不可依赖的；由个人自负其责、自行其是，是会出乱子的，因而是要不得的；"有政府"一定比"无政府"要好，在集中计划体制下事情没搞好、出了问题，不是因为体制上的弊病，不是因为解决经济问题的基本思路出了问题，而是因为"计划不科学"，管理者"素质太差""政策失误"，等等，总之是因为你"笨"，只要换一个"聪明人"或"懂行的人"来搞就可以解决问题，但无论如何还是要集中地搞、有计划地搞，因为只有"专家们"是"有理性的"。

与此相反，市场经济作为一种思想方法，其核心则首先在于依赖一般的个人，依赖于民众。它的基本运作方式就是一般有利己心的个人之间的自愿的交易。市场经济并不是十全十美的理想境界，它也存在着本身固有的矛盾。但是第一，它虽然可能是"无政府的"，但并不是无秩序的，只不过与集中计划体制有着不同的秩序。作为一种资源配置的机制，它的运作所依靠的是个人与个人、企业与企业之间互利而自愿的交换与契约，而不是依靠国家与企业、与个人之间的行政隶属和计划分配。第二，现代市场也绝不是真的"无政府"。个人之间的交易活动本身要求有一个作为凌驾于交易双方的社会"第三者"即政府的存在，而政府则通过保护产权、调节经济变量，在市场上同样发挥着稳定经济和增进平等的重要作用，只不过不再是我们传统体制下的那种执行资本所有者职能、在各种经济事务中都是当事人、都充当决策者的作用。第三，市场经济条件下也不是没有约束，但首先是人们自己出于避免损失而进行的自律和人与人之间为防止相互侵害而形成的契约；政府或国家的管理，只是人们相互间管束的一种形式（政府的首要职能应该是保护产权以及在此基础上的各种契约关系）。从这个意义上说，市场经济对人们经济行为的约束比传统集中计划体制下的约束更多而不是更少，更有效而不是更无效，因为在传统体制下只有来自“上面的”约束，一旦大家“齐心合力对中央”，无论怎样完善的法律、规章、政策，都将在事实上失去效力（即所谓的“法不责众”）。只有当人们之间相互钳制，国家才能从“当事人”的身份中摆脱出来，真正作为“第三者”、仲裁人，在当事人之上行使法律的权威，主持社会的公道，也才能因不必事事都管而把自己该管的事情管好。

市场依赖于一般的个人，依赖于民众，其实说到底是依赖于制度，依赖于调节个人与个人之间相互关系的规则或契约；而传统的计划体制，其实质是不相信制度而相信“专家”，不依赖于法制而依赖于人治。正因为如此，传统的计划体制的运行状态的好坏，很大程度上也的确取决于人的因素，取决于是否存在“明主”，取决于计划者的“水平”，取决于厂长经理们的管理素质、文化程度、责任心以至道德水平等，同时还要取决于一般被管理者的素质以及他们是否与你进行“同志式的合作”。而市场运作的要求却远没有那么高，原则上说，它只要求人们“会算账”，知道趋利避害，谁都可以不是“专家”，“一般人”足矣，“鸡鸣狗盗”之徒只要出了大狱后不再鸡鸣狗盗，也可在市场上正当发财。应该说，一种依赖于一般民众平均数的制度，要比一种依赖于少数个人的制度，更稳定，更容易持久。历史已经证明，虽然科学总比不科学好，良知总比愚蠢好，懂行总比不懂行好，政府官员们所受的教育水平越高越好，但“专家治国论”以及体现这种思想的集中计划体制，作为一种“经邦济世之道”，是不成功的，在可以预见的将来，也是不会成功的。包办婚姻可能偶尔确比自由恋爱更符合当事人的利益，但从长远看，在绝大多数情况下，一定为人们带来更少的幸福、更多的麻烦。

四、是“自上而下”还是“自下而上”

传统的“计划”的思想方法，在我们的这个社会中，可以说已经形成了一种思维定式，在任何地方都会表现出来，我们要建立市场经济的体制，首先也要破除思想中的计划方法。在改革中出现的一个引人注目的现象是，在如何进行市场化改革的问题上，计划的思想方式也在明里暗里、自觉不自觉地起着作用，导致一些人总是试图“用计划的办法搞市场”。由于我们所面临的特殊的体制改革问题，是从一个高度集权的计划体制向市场经济过渡，因此不可避免地要采取某种自上而下、有领导有步骤地贯彻执行的方法，在一些触及许多人的既得利益的情况下还要统一而强制地执行，在改革的最初阶段，就更是这样。对于国有经济的改革，在许多问题上还必须这样，因为它本来是高度统一的，各方面的制度本身是相互“配套”的，许多东西不统一地打破、配套地打破，就不可能打破。但这种自上而下方法的局限性需要及早认识。有效率的制度必然是能使人们在特定环境、特定条件下以最小成本捕捉住获益机会的某种社会安排，而市场机制的特点正在于能使人们自愿而自动地“分头行动”（而不是“一刀切”地统一行动），充分利用各自所面临的特殊条件。市场化的改革过程也是这样——只有处在各种特殊条件下的当事人自己，才最知道什么样的体制、什么样的管理方法，最适合于他们的特殊条件，最知道当前怎么改、改什么，迈多大的步子，最适合当前的特殊情况；也只有当事人自己才能创造出最适合于自己特殊情况的具体形式。从各个部门的配套衔接问题上看也是这样，它们最终只能在别的部门发生变化的情况下逐步地相互适应，而不可能齐头并进、一齐到位。最后可能实现的“最优”，事实上只能是通过一个一个的“次优”逐步逼近的结果，无论我们在理论上论证出的最优状态本身是什么。任何“专家”，都不可能在事前即在改革之前清楚地知道什么样的改革方案适合于各种具体情况，各方面的改革应如何相互配合，相互适应，就像在生产问题或资源配置问题上不可能知道每个人需求、偏好的道理一样。因此，虽然我们需要有改革的战略设计和总体方案，但这些战略、方案都不可要求过细，而只应起到明确改革大方向的作用；也不可过分强调总体协调，似乎没有一个精心设计的总体改革方案并按部就班地实施，就不能进行改革甚至认为那不是改革，认为只有由专家们设计好、配套好的东西才可行，当事人自己创造的东西反倒不行（其实仔细想一想，在我们已经取得的改革成果中，绝大多数都是由当事人自己创造出来的，而不是由专家们设计出来的）。市场化改革是一个关系到千百万民众切身利益的事，许多事情只能由民众自己来完成。等着“专家们”设计好了然后一声号令齐步走，什么市场化改革也完不成，只会耽误了宝贵的时间、错过了有利的时机；只有那些由民众自己创造然后由理论家们加以总结，上升为理论的东西才是真正有生命力的，而不是先有理论后有实践的本末倒置。在这个问题上，经常听到的所谓“理论准备不足”，有时不仅不是什么坏事，反而是正常的，反倒说明真正的改革正在实践中向前推进。因此我们应该尽快将改革从以“自上而下”为主的阶段推进到以“自下而上”为主的阶段，给“下面”一个真正的自主权，即自己既选择适合于自己的体制，也选择适合自己的体制创新方式的自主权，用“市场的办法搞市场”。

天下没有卖不出去的东西

国企改革、产权重组、出卖企业（资产），搞混合所有制、股份制等，现在已经被大家从观念上开始接受了。也有了一些政策。但是，反对意见还在，有老的反对意见，也出现了一些新的，比如有的人说，现在买卖资产，不再有观念上的障碍，但实际障碍仍无法逾越。许多国有企业那么多职工、那么多债务，想卖都卖不出去。所以结论是，靠产权重组来改革国有企业，理论上大概是对的，但在现实中还是行不通。

这种看法其实似是而非，因为从经济学的基本道理上说，天下没有卖不出去的东西，只有定价不对的东西。我们是否想过卖不出去的东西是否要价太高了。

这里的问题首先在于如何认识资本的市场价值。资本的本质在于它可以生利，在于给资本所有者所带来的未来收益。因此，资本的市场价值，不是它的账面价值，甚至不是实物资产的重置价格，而说到底，是未来时期内（可以假定无限时期内）预期收益（当前形成的预期）折现值的总和。100 万元建一个企业，利润丰厚，其资本的价值可以是 100 亿元；而 100 亿元建的厂，若已不能赢利，可能只值 100 万元（可能就等于清偿拍卖后的残值），这时你若定价 100 亿元，当然卖不出去。如果一个企业已经亏损，还有一大堆欠债，或者还有一大批工人无法安置，其市场价值可能还是负的。你还要按账面资产的价值卖，还想从中捞一笔，当然不会有人买，除非政府强令另一个国有企业去接收，但那显然已不是我们这里谈论的买卖关系。

当然，亏损企业并不一定卖不出好价钱，原因是在你手里是亏的、在你的体制下是亏的，到了新买主手里可能就能赢利，所以买方价格可能是正的，因为对于他来说预期收益是正的。买卖关系中包含着体制改革。卖这个行为本身就意味着体制改革、产权改革，“卖得出去”这件事本身就意味着卖出之后可能发生的效率改进（在许多情况下，卖了不等于从此一定会逐步发生改进，但不卖一定不会发生改进）。

不过无论如何，买者出的价，一定不仅包含对企业目前经营效果的评论，而且包含着对以下两大重要因素的考虑：一是企业债务。你让他背走债务，将来还本付息，所谓的购买价格自然要打一折扣。二是富余职工的安置。由你来安置职工，不由买主承担责任，他可以支付的价格自然会高些，否则，自然要低些。所谓资本收益，最终起作用的是净值——一切收益减去一切成本，包括买下企业后可能要面对、要处理的一系列历史遗留下来的麻烦（我们的企业中由于过去方方面面的产权不清，会有一大堆的麻烦）所需付出的代价（包括人力、物力、财力各方面的代价）。形式上的购买价格，不过是把一切未来要付出的代价都计算了之后现在所要支付的东西，它只是购买一个企业所支付的总价格的一部分。

所以，有时看到我们的有关部门一厢情愿地按照企业资产的账面价格为一些亏损严重、资不抵债、冗员累累的企业开价的时候，我往往感到很奇怪，他们怎么不反过来想想：如果是你，你会按那个价格买企业吗？（据说现在有的地方现实了一点，可以“下浮”10%，只是不知这个百分比是凭什么定的。）

韩国的大宇汽车公司，作为一家国际知名的大企业，据说最近正在谈判以几千万美元的价格卖出去（当然严格地说是叫作“与人兼并”）。这个价格当然离它那几百亿的账面价值相差甚远，但因为它欠了一大堆的债，要改造、重组还要有很多投入，价不降到这个程度不会有人要。德国政府从1990年到1995年，通过国有企业托管局，把原东德的国有企业都卖掉了（除了关掉的外），但那是它花了两千多亿美元把它们卖掉的（请注意，这里是花钱卖东西，而不是花钱买东西），那花的钱，当然主要是用来安置工人、清偿债务、治理污染等，以便使买主能把东西“拿走”，否则，许多东西即使白给也还是没人拿。

可见，那种说现在卖不出去东西已不是观念的问题，并不全对。这里还是有一个观念的问题：如何认识什么是资本，什么是资本的市场价值。

资本价值这个概念之所以重要，还因为它直接涉及另一个概念：资本流失。经常发生的情况是：资本按照市场价值卖了出去，但由于这一成交价低于账面资产价值，便会被说成是资产流失。问题的复杂性在于，资本的买卖，很多情况下并不经过一个市场竞价过程，而只是买卖双方一对一讨价还价的结果，双方对同一资产的价值判断，自然是不同的，卖者尽量报高，买者尽量压低，再有一个第三者，又会有第三种价值判断，很难有一客观准确的标准（未来收益还没有发生，还只能是主观预期）。这在客观上也为真正的资本流失即利用资本交易中饱私囊的行为提供了机会，使真的流失与假的流失混在一起，难以分辨。

在这个问题上，由于在现实中很难有完美的解决办法（请两个外国的资产评估机构来评估，不仅成本太高，得不偿失，也不一定解决问题），所以只好求其次，用另外的一套引进标准来间接地加以判断，比如好好查一查是否有人在资产交易中个人拿了价外的好处。

最重要的问题，是在于把问题“想一想开”，把各方面的收益与成本加起来统筹考虑。卖掉了企业，政府甩掉了包袱，今后不再有补贴性支出，不再有人整天找上门来要钱、要物、要安置人。不再天天发愁去解决国企内的一大堆头痛的问题；相反，企业改了制，提高了效率，增加了收入，政府还可以增加税收，而且，政府从此集中精力干自己该干的事情，包括加强税收征管，财税收入会有更大的增加，也可建更多的公共设施。里里外外，减支增收，比拖下去不卖会合算得多（拖下去不卖，情况还会动态地恶化，支出会比现在还多）。你可以不卖，可以撑下去或混下去，但是明天怎么办？什么时候是个头呢？

应该想到的是，现在我们卖资产不仅是为了收钱，更重要的是为了改制，为了改制后效益的增加。把这些问题都考虑进去，有些交易就会显得合算多了。

1998 年 5 月

股市中的“手脚并用”

笔者在《所有权开始起作用了》一文中，讨论了最近美国大公司总经理被解雇风潮对我们的启示。我不知这一举世瞩目的“风潮”是否足以打破20世纪80年代以后西方经济繁荣时期形成的所谓“所有权不重要”“管理决定一切”的幻觉，也不知能否改变一些人只看表象、不深究实质，“只知其一、不知其二”的思维方式，但我想最重要的问题还是在于我们是否能从这一经验事实中进一步弄清一些逻辑。事实总有许多特殊的因素，而逻辑具有一般的适用性。

股东们通过某种方式（股东大会投票、私下实施压力等）对公司的经营效绩进行评价、对经理人员进行任命与撤换、对公司发展战略或经济组织方式进行改革等，这样的行为在经济学中有一学名，叫作“叫喊”（也有人称之为“呼吁”），更形象一点就是所谓的“用手投票”。另一类行为，即股东一看公司经营状况不好就出售股票，以此来表示其不满、表示他们的“用脚投票”（用“购入”表示满意，也是用脚投票，只不过不是“撤出”，而是“进入”）。由此而论，股份制下所有者对资本使用和配置的监督职能，就体现在“手脚并用”上——不仅体现在股东大会上的“用手投票”，也体现在市场股票交易中的“用脚投票”。有的时候，“手”的作用表现得较为明显（比如解雇总经理），有的时候，则主要体现在“脚”的作用上。在“手”的作用不明显时，不能说所有者就不起作用了，还要看到“脚”的作用，而且“手”能起作用，往往正是“脚”起作用的结果——正是因为大家抛售股票、股价下跌，才产生了用“手”解雇总经理的必要。

最近西方的这次“用手投票”实行公司改组的风潮中，有一个现象颇值得注意：在向董事会施加压力，要求对公司进行改组时，起主要作用的，并不是一般的小股民，而是一些大股东，其中主要就是一些作为持股大户的“金融机构”，如基金会、银行、投资公司等。这一现象大概会使一些主张建立“国有资产基金”或“国有资产投资公司”之类的“法人”，并对国有企业实行“法人持股”的同胞感到欣慰，因为这一现象似乎正支持了他们的主张。但是，透过这“现象”再看一层，我们就会发现，西方国家的那些“法人”“机构”，之所以能积极地行使所有者的权力并有足够的动机对那些利润率下降的公司施加压力，是因为他们若不这样做，把资金投到或存入这些金融机构的千百万的小债权人，就会把他们的资金撤走，自己持有或投到另外的地方去。用“委托—代理人”理论中的术语说，如果作为大股东的金融机构不积极地施加压力去解雇它们的代理人（即公司经理们），那些“小民”就将“解雇”他们，即这些金融机构本身——撤走投入的资金，本身就是一种委托人对代理人的解雇，你可以继续办你的金融机构，但你将不再是我的代理人，我“炒”了你的“鱿鱼”！我用“脚”走路，行使了我作为所有者“撤出”的权利。

我不否认机构持股在所有制改革过渡过程中的积极作用，但我们却不能因此而设法去论证法人或金融机构持股就可以从根本上解决我们的经济所面临的问题，否定在机构背后千百万小股民的决定性作用，论证小民的所有权不重要。其实，在上述金融机构的运行过程中，小民的作用比在股份公司经营操作中所能起的作用更大。对于股份公司来说，股民抛出股票，用脚投了票，还不能撤出公司的实际资产，公司还可运行下去，要对其实行改组，还需进行实际的“用手投票”，而对于金融机构来说，由于这种机构的资产就是资金本身，因此如果大家撤走了资金，实际也就撤销了机构本身，在这种场合，“用手投票”与“用脚投票”是合二而一的：我的撤出，就相当于解雇了代理人，也就是同时行使了“手”功能。所以我说，第一，无论在哪种情况下，机构、法人的作用，都不可否认在它们背后的小民的作用；第二，在“所有权”的行使中，“脚”的作用往往更大——“撤出”其实就是所有者或委托人解雇代理人的权利，是市场经济有效运行中不可缺少、起着根本性作用的一种所有权；第三，在任何时候，我们都要“透过”法人看到小民，透过“法人所有权”看到“最终所有权”，事实上，法人所有权的性质，是由最终所有权的性质决定的。

于是我们不妨思考：如果我们也搞了“法人持股”“机构持股”的机制，在这些法人、机构的后面，有没有小民？有没有人能“用脚”走路？所有者能否“撤出”？是否增加了“脚”的个数，又有几双“脚”真的能走路？是否增加了我们经济中对资本效率，对利润率的关心程度？如果在这些机构的后面仍然还是国家，或国有银行、国有企业，它们过去对资本效率关心不够、动机不足，而且根本不能“用脚投票”，难道一搞了法人持股，就有了动机并能够实现“用脚投票”？

1993 年 5 月 27 日

第二章

政府“有形之手”该做些什么

从居民楼无法通邮说起

年初迁入新居，发现无法通邮，被告知原因是楼里尚未成立居委会，没有建立收发室，邮递员无法挨家送信送报（送进每家的信报箱）。于是企盼居委会的成立。但是几个月过去，发现并无成立居委会的动静，关键是似乎没人张罗此事。向单位的房管部门反映，说是住在楼里的不是一个单位的人，难以协调；向房管站反映，则说这事应由用房单位协调处理。于是醒悟，我们原来是处在一种“无政府状态”之中，没有一个公共机构在负责我们楼里的“通邮”这样的公共事务。

再想一想，居委会本来不就是由居民们自己组织成立的吗，为什么我们不能自己组织呢？于是开始设想如何成立居委会。可是一旦仔细想来，便立即望而却步，因为这意味着大量的劳动：从起草、张贴一个“告示”开始，到请各住户派代表来参加一个居民大会，讨论是否要成立一个居委会、是否要设立一个专职或兼职的收发员或收发室，到选举居委会，再到讨论大家如何按月交点钱以支付收发员的报酬等。我有那么多的时间精力去张罗这么一项公益事业？如果别人出面组织，我最多参加个会、积极附和一下、投个票、出点钱，办不成损失不大，最多就是看不上当天的报纸当天的信；办成了就可以享受通邮的好处。于是不再去多想，抱着别人出面的希望继续等待。在这个楼里可能还有别的一些像我这样半热心半不热心、半“有觉悟”半“无觉悟”的人也曾像我这样做过一番设想，但也只是想想而已，没人采取实际的行动加以沟通，于是我们就继续处在既无“政府”也无通邮的状态。这时我深感“政府”之重要，意识到“无政府”之缺憾。

天下的事有大有小。一个居民楼里遇到的问题，与一个国家一个社会遇到的问题，在性质上并无大的差别。我所遇到的通邮问题，其实就是经济学中的公共物品问题。

在经济学中，所谓“公共物品”(public goods)，首先是指那些具有消费不排他性特征的东西。这里的所谓物品，可以就理解为一种东西、一个事物，它能给人们带来某种好处（所以是 goods）或坏处（那样的东西则被称为 bads；若是公共的“坏东西”，比如说污染，就可称为 public bads)。这样的东西是与“私人物品”相对而言的，后者的基本特征就在于其“消费的排他性”，比如一碗饭我吃了你就不能再吃，一件衣服穿在我的身上就不能穿在你的身上。而典型的公共物品的特征是，我对它的消费不排斥你同时也对它进行享用。比如路灯（不是灯本身，而是安到马路上去的灯)、国防（不是武器本身，而是由它们适当组织之后所捍卫的国家安全)、公安、宏观稳定等。路灯可以为我照明，你若同时走在同一条街上，它也为你照明，不因我对它的享用而排斥你对它的享用。制度、法律等也是公共物品，因为它们也具有不排他性，甚至是不能有排他性——它原则上必须被一国全体公民所共同遵守、必须应用于每一个人，否则就不成其为制度，不成其为法律，不成其为制约大家行为的社会规范。

公共物品还指那些以公共的方式加以提供较为经济、更有效率的物品。比如消防队。任何个人或企业都可以组建一支消防队（私人物品）来预防家中或企业失火，但家家都设立一支消防队，显然是不经济的，谁家也不是天天用得着消防队，一个城市有一定数量的消防队就足够应付这种偶然的灾难了，因此最好的办法是大家凑点钱成立少量的公共消防队。公园、公共图书馆等等也都具有这样的特征（这类物品以公共的方式加以提供，在一定程度上也是为了某种公平的原则，使得那些没有条件以私有的方式消费某些物品的人也能获得一定的好处）。

某居民楼通邮一事，之所以是一件公共物品，首先是因为它具有消费的不排他性——邮递员一来，不是只为我一个人送信，而是可以为楼里的任何一个人送信。其次也是因为这件事以公共的方式来加以组织较为经济——一个人跑一次只送一个邮件，远不如一个人同时送许多家的邮件更经济一些。不过，我不知道每家有一个信箱、由邮递员把邮件一一塞进信箱这样的做法更为经济（这时用不着每个楼有一个兼职或专职的收发员及收发室，但要多一些邮递员，因为每个邮递员工作量大些、工作时间长些），还是每个楼设一个收发员或收发室更经济些（这样可以少一些邮递员）。这事显然还值得研究，不过我们在此暂时存而不论。既然现在有了这么一个设收发员的规定（成文的还是不成文的也不得而知），那么事实上居民楼通邮这件事就无论如何成了一项公共事务，是在被当作一种公共物品来加以提供了——需要有某种形式的公共管理，才能够实现通邮。居民楼里的公共物品还包括楼道灯、垃圾处理、楼道卫生等。许多居民楼楼道里长年黑漆漆的全无照明，也是无政府的一种反映。

所谓公共的方式，其实也就是政府的方式——政府说到底不过就是一个执行“组织提供公共物品”这样一个基本职能的公共机构。无论事大事小，基本的原则都是一样的。我们组织一个居民委员会，其实就是在组织一个“政府”——居民代表大会，就相当于所谓的“议会”；大家在会上决定设还是不设收发员，这种决定，也就相当于一项“法案”。要设收发员，是有成本的，要支付工资，于是就必须有钱。既然通邮这件事是大家共同受益的，因此钱也就要由大家来出。相应地就还要通过一项“法案”，即“税收与预算法案”，规定各家每月出多少钱。这就相当于有了“公共收支”或“政府收支”。所谓税收与政府收支的基本功能，说白了就是用公众的钱来为公众提供所需的公共物品。要有收支，就要有人来组织，比如说要有人去挨家收钱（“税务局”），定期向收发员支付工资，检查其工作，最后还要定期向居民大会报告收支情况（“决算报告”），要有人监督账目（“审计署”），等等。无论这些日常工作是业余的还是专职做的，是由一个热心人张罗还是成立一个正式的组织正式地做，反正是有人来负责，这就相当于有了一个“行政机构”（“国务院”），其职能就是贯彻实施“议会”的法案。无论现实中的政府最初是如何形成的，也无论现实中的政府在其职能与性质上是否发生了异化，政府的起源不过如此，政府的性质不过如此。市场经济之所以还要有政府，说到底就是因为虽然市场在提供私人物品的问题上是最有效率的，但公共物品还是得由政府来组织提供（不一定是由政府来直接生产那些物品本身，但是由它来组织供给）。我们现在遇到的问题是，政府成天管着本来应由市场负责的私人物品供给，却偏偏不在它应该做的本职工作即提供公共物品、公共服务这个问题上多做些事情。

公共物品的提供之所以困难，我们想自己成立“政府”来解决通邮这个公共物品的问题之所以难以实现，一个重要的难点就在于人们的搭便车行为，也就是自己不想为公共物品的供给支付成本费用，而只想享受公共物品所能带来的好处这样一种行为。搭便车的行为可能发生在两个环节上。一是在制度建立的过程中。任何一样东西作为公共物品加以提供，都相当于建立起了一个新的制度，而制度的建立是有成本的，比如最初与人们沟通的成本（广义上它也属于一种交易成本，也就是与人打交道的成本）。为了建立居委会与最终实现通邮，我（或其他人）得挨家挨户召集、劝说人们开会，得花许多时间与精力；开会本身得花费几十人一两个小时的时间；为了达成协议，会上会下还不可避免地要做一些说服工作。如果这种体制创新的组织工作最终能给组织者带来某种额外的好处（比如说超过通邮本身的好处，像升官发财之类），还能使一些人有点积极性，但在一些情况下这可能是纯粹的做贡献，这时许多人就会等着别人去组织，自己坐享新体制的好处，也就是搭别人的便车。这就是在新体制创立的过程中，信仰、利他主义、献身精神等会起到非常重要的作用的原因。在那些通过战争实现制度创新的过程中，甚至需要人们不怕流血牺牲，这时就更需要人们有一点精神了。

另一种搭便车则是各种方式的逃税。公共物品是大家享用的，本应大家纳税交钱（或者没钱的出力），支付这些物品的成本费用。但是人们出于个人利益最大化的动机，会尽可能地做到只享用而不交钱或少交钱，也是一种搭别人的便车的行为，偷税漏税当然属于这种情况。另一种情况则是掩盖自己对公共物品的实际需求，以达到少交税赋的目的。比如在通邮的问题上，有些人就会说我家的信少，应该少交，或者我家没信，应该不交，而事实上一旦通邮他家的信可能会立即多起来，并不比任何人更少。这种搭便车的行为会使公共物品的供给因财政收入不足而不足，甚至会完全没有供给（达不成一项可行的收支协议）。

写本文草稿的时候，我正在为我们楼里通邮的问题发愁（这也是想到这么一个题目的原因），并且还看不到解决的办法。于是我想既然以公共的方式难以解决问题，不如另想办法用“私人的方式”去解决，到邮局去租一个信箱。对我个人来说，这当然要花多得多的钱，但比起要我费时费力地去搞“制度创新”、去组织一个“政府”，还是“合算”的。任何事情当然都可以有一个“私的”解决办法，比如没有路灯，可以每人打一支手电；没有公共治安，可以组织私人的“保安队”；法院若不管欠账还钱，可以成立私人的“讨债公司”等，但资源配置的效率显然不同，社会公正也无从谈起。

当我到邮局去问如何租用信箱的时候，邮递员告诉我房管站似乎正在想办法解决这个问题，让我再等两天。一个星期之后，问题真的解决了！办法是在另一幢楼的一层，找到了一个兼职的收发员，负责我们这两个楼的邮件分发，兼职收发员的报酬由房管站从居民交纳的管理费中出（闹了半天我们的管理费中已包含了用于此项目的“税收”，而房管站这个政府机构本来就应该负责组织提供“通邮”这个公共物品）。我们终于从“无政府状态”中走了出来（也并没有成立什么居委会）。由此我也有了一个“重大的发现”：在已经存在政府的情况下，最好还是通过转变政府职能、改善政府服务来解决一些长期得不到解决的问题，提高资源的配置效率，这可以省去许多“重建政府”的麻烦。

1994 年 7 月 16 日

人工增雨背后的政府职能改革

我们这次还是要谈点有关“公共物品”与政府职能的话题。

中央电视台《焦点访谈》前几天播出了一个节目，讲人工增雨的事，说是一个旱区搞人工增雨，老百姓都很拥护，花钱少，效果好；当地政府也支持，甚至动用了行政手段，发了个红头文件来要求大家出钱实现人工降雨，结果好心没得好报，被怀疑是搞乱摊派，被人告到了上边，弄得反复审查，好事多磨，以致耽误了一些人工降雨的大好时机。节目的题目很能表明记者与编辑的责任心与倾向性，叫作“好事不该多磨”。

仔细分析起来，这件事涉及许多重要的问题，可以从其中引出一些颇为深刻的经济学道理，揭示出我们经济体制中的一个亟待克服的弊病，因此似乎还有必要作更多的经济分析。

第一个值得分析的问题是：人工降雨这件事政府该不该管？而且，该不该动用一点行政手段（强制性手段）来管？

有些人似乎认为现在搞市场经济了，这种事政府就可以不管或已经不该去管，由保险公司之类的企业通过市场的方式搞就可以了。其实，人工降雨是一个再典型不过的政府该管的事情，而不是市场能管好的事情，主要的原因就是人工降雨这件事本身是一个典型的公共物品（public goods）。

在经济学中，所谓公共物品，首先指的就是消费（使用受益）不具有排他性的那些东西。掉在我的田里的雨滴，当然只有我来“消费”，不能再去浇你的庄稼；这个县搞的人工降雨，大致不会落到另一个县去，从这个意义上说，雨水本身的消费是排他的，不是公共物品。但是，下雨，特别是人工降雨这件事，无论如何在一定的范围内却是很难排他的——一块云彩飘过来，雨一下一大片，很难说在一个村里那雨下到你家就不会下到我家，我们现在的科学技术还不能做到让那雨滴精确地只落到这块地而不落到那块地的程度，所以至少在我们目前的条件下，人工降雨这件事从技术上看还具有“受益不排他”的性质，因而还只能被当作一种公共物品来加以处理。

消费或受益上的“不排他”，引起的一个问题就是谁来为其付费。因为一旦存在着我花钱增的雨，会“免费”地掉在你的地里的可能性，就会有人想法子搭便车，尽可能地不交钱或少交钱，反正现在谁也不可能把炮打到天上去而让雨只下到自个儿的地里却不让别人沾上点边。麻烦都是由此而来的。一个村里，可能人人都希望搞人工降雨解除旱情，但只要有一个人不交钱，好事就可能吹掉，因为人人都不愿意眼看着让别人白占了便宜。一旦发生这一类相互推诿、相互攀比、谁都想占便宜而不愿吃亏的情况，事情就麻烦了。如果不存在搭便车的可能性，不存在收益外部化被别人占便宜的机会，谁获多少益该交多少钱，或者反过来，谁拿得出多少钱就能相应地获多少益，事情就简单得多，可以就由市场上的自愿交易来使供给与需求相适应。而在公共物品的情况下，市场会失去效力，只能求助于政府作为解决问题的方法，而政府也正是在这种公共物品供给的场合，有了它的用武之地——其实，政府就其基本职能而论，正是为了更有效地向公众提供公共物品而存在的（我们这里应该广义地理解公共物品）。

在人工降雨这件事上，政府可做或该做的事情在于两个方面：第一是制定规则，既包括如何根据当地农民的意愿组织这类活动的规则，也包括如何“交费”的规则，是按人头交还是按受益地块的大小交，等等。这里的关键问题在于是否存在一种制度，保证我们这里说的政府所做出的决策确实符合了民众的意愿（后面我将指出，我国目前的一个重要的体制缺陷就是缺乏这样一种制度上的保证，从而在什么是合理收费，什么是乱摊派的问题上经常搞不清楚）。政府该做的第二方面的事情就是贯彻实施这些规则，既包括组织实施人工降雨一类供给公共物品的活动，也要保证钱能收得上来，收得公平，防止有人搭便车。

为什么这些事情要由政府来做？因为政府这个公共机构，从其本义上说就是为了解决公共遇到的问题而存在的，同时也是因为只有政府做这样的事情比较经济。在此，当我们谈论政府该做什么不该做什么的时候，我想有关政府概念上的两个问题需要搞清楚：

第一，政府并不一定指的就是那种高高在上的官僚体制。在公共物品供给的问题上，本来意义上的政府，不过就是有关当事人凑起来的一个公共机构，负责商讨、决定一些与当事人大家利益相关的公共事务，制定一些大家需要遵守的规则。在人工降雨的问题上，一个地区的农民们如果能组织起一个村民大会之类的议事机构，并选出几个人贯彻实施村民大会的决议，这个村民大会连同那个执行小组一起，其实就是一种形式的“政府”，就是在履行政府的职能，没有什么神秘。

第二，政府的形式可以是多样的，但无论形式如何，政府履行公共职能时都有一个一般性的条件，那就是：政府是要有点权威的，否则许多事情就不可能做成，比如说收费这件事，你让人拿出钱来，没有点权威怕是不行的，弄不好还得来一些强制性的措施。红头文件在某种程度上就是这种权威的体现，有了这么一个“红头文件”，事情办起来也就快捷得多。这种“行使强制性措施的权威”从哪里来，涉及理论上所说的政府的合法性问题，仔细分析起来颇为复杂。简单地说，国家或合法政府，是一个社会中唯一能够合法地使用暴力来保护产权的机构或组织（保护产权的内容之一是防止搭便车之类的侵权行为），也是唯一的能够借助强权来征税的机构，因而拥有着组织公共物品供给的便利条件。你若认为现在的政府没有起到组织公共物品供给的作用，或收费不合理、乱摊派，或滥用合法的税收权力谋取私利，你可以组织另外一个上面所说的“村民大会”之类的机构来实现种种有益的公共职能，这并不难，但是你要想也建立起或得到那个“唯一的”使用“暴力”的合法性，却不是件容易的事情；或者，你若想在缺少这种强权合法性的条件下把事情做成，也不是那么容易，因为交易成本要高得多。所以，从经济学的意义上说，通过现存的合法政府实现公共物品的供给，是最经济的，但这里的前提当然是政府要转变职能，要切实履行政府该履行的职能。

政府的职能是组织公共物品的供给，并不是说要由政府自己来生产并供给那些物品，比如说，不是要由政府自己投资建立国有企业，生产人工降雨用的炮弹和大炮，再由国家雇员来放炮增雨，而是说要由政府来组织、协调这项活动，制定规则、收钱、付钱、协调生产者与受益者等。炮弹、大炮，以及路灯、消防车之类的具体产品，是具有使用排他性的，因此都可以作为经济学上所说的私人物品来生产；作为公共物品的只是人工降雨、公共照明、公共消防这类东西。我们现在的政府，一方面许多该做的事没有做，该由它来组织的公共物品的供给没有组织，另一方面又做了许多不该做的事，其中就包括吃力不讨好地亲自管理企业生产私人物品，结果整天要为国有企业的日常经营与财务亏损的问题发愁，该管的事自然也就管不好。市场经济有效运转的基本条件之一就是私人部门生产供给私人物品，政府则专职组织供给公共物品。这是已经被理论和许多国家的实践所证明了的。

第二个需要分析的问题是：怎样才能避免不正当的政府行为？

既然政府该管人工降雨这样的事，而新闻报道中的政府也的确管了，促成了好事，那问题又出在哪里呢？从报道中可以看出，问题出在政府用文件规定农民要交钱增雨，有乱摊派之嫌，结果有人告了当地政府的状，引起了纠纷，耽误了好事，才引出了一条颇有新闻价值的“焦点访谈”。编辑的结论是：我们应该具体问题具体分析，不要一说反对乱摊派，就把大家欢迎的好事也说成是乱摊派。

但是，经济学能从这件事中引出的结论却不大一样，恰恰不是要“具体问题具体分析”，而是要把问题“一般化”，建立起适用于各种具体情况的一般性的规则与制度。

电视记者对与人工降雨有关的当事人的采访，证明了农民事实上愿意交钱搞增雨，因而证明了在这个问题上政府并没有搞乱摊派。但与此同时，我们大家也知道，其他大量的事例却表明在我们的生活中的确存在着不少乱摊派的现象。这不说明别的，只说明我们目前的制度还存在着问题，在与政府职能、政府权力、公共物品供给、财政体制、决策机制等有关的环节上，有什么东西还不对头。最关键的一点是：在基层政府的活动中，目前我们还缺乏一个基本的制度和基本的规则，来选择和判别什么是公众欢迎的公共物品和愿意缴纳的税款，什么是公众反对的乱摊派。从这个意义上说，目前我们存在着一种“政府缺陷”，在政府的整个制度结构中，缺少一个重要的环节，即制度化的公众议事与公众监督程序。可以设想，如果在人工降雨的问题上，有一个明确的法律规则，要求由当事人全体参加的村民大会或一个合法的、切实代表全体当事人利益、反映公众要求的委员会，来民主决定是否应该搞人工降雨，是否应该向受益人征税（收费），以何种标准、何种方式征税（收费），然后再委托有关行政部门去加以实施，当事人再对政府的收入与支出进行严格的监督，所谓乱摊派的问题不就会大大减少而又能使好事不再多磨了吗？是合理收费还是乱摊派，自然也就在每一个具体问题上有了一个客观的标准（即村民大会的评判）。现在之所以要在什么是合理收费与乱摊派的问题上，一件事一件事地做事后的“具体问题具体分析”，说到底就是因为事前缺乏一个一般性的制度，来保障每一个具体问题上都能有一个合乎程序的公共选择、公共评判与公共监督。公共物品的特点就是无法以市场的方式来选择，但它又同样要根据大家的需求来提供（否则就会出现资源配置无效率），所以要有一个使大家的需求得以表达并以大家的需求来决定公共物品供给的机制。在每一个具体问题上都要有具体的投票表决，但每一次投票表决所依赖的可以也应该是同一个一般性的表决制度。

随着经济的发展，科学技术的进步和人民生活水平的提高，公众对公共物品、公共服务的需求也会相应地有所增加。这也是经济发达国家财政收支占国民收入比重较大的基本原因，而不是像有的人所说的那样，是因为那些国家的国力强所以财政收支的比重才大。过去我国的传统政府收支体制是典型的统收统支，一切利税收入都集中到中央（或上一级政府），然后再根据统一制定的预算进行分配与支出。这种方式，再加上国家拥有企业、控制收入初次分配的体制，造成了一种事实上什么都由政府来管，什么都由政府官员说了算的局面，同时也割裂了政府收支与具体受益人之间的关系。

改革开放以来，一方面随着放权让利，地方政府特别是基层政府的职能不断加强，地方政府“自主地”组织公共物品供给的情况越来越多；另一方面，随着各种形式的非国有经济、非公有经济的发展，政府收入的来源也发生了变化，收入的范围也已扩大，在一些发达地区，计入政府预算收入的那部分收入，已经只占全部政府收入的 10%～40%，大量的政府收入以所谓制度外收入的形式存在，以“为地方办一件事收一件事的钱”的方式发生。这本身并不一定是什么坏事。从公共财政的角度看，大家能够明确地看得到“收一定的钱办一定的事”“纳税人是受益人”，这样的财政是最受公众拥护的财政，地方也应该拥有一定的税收立法权来保证地方公共物品的供给。但问题发生在，由于缺乏我们前面所说的公共选择、公共评判与公共监督的基本制度，结果，一方面是许多地方政府的确为公众办了大量好事，在许多事情上公众事实上愿意集资、愿意捐款、愿意出人出力；另一方面则是地方政府官员滥用权力搞乱摊派的情况也大量发生，引起了公众的反对，以至又不得不搞一个一刀切的运动来清理乱摊派。一刀切不能从根本上解决问题，“具体问题具体分析”看上去灵活多变但实际导致“具体问题具体纠纷”的“人治”法则，也解决不了问题。真正能够解决问题的还是要建立起一种能在每个问题上使当事人的利益能够充分体现并得到尊重的决策与监督机制。这个问题现在还没有引起各方面充分的重视，还有很长的路要走、很多的事要做。

1994 年 9 月

达沃斯启示录：优先培养民间投机家

世界经济论坛 1995 年年会于 1 月底召开，正值墨西哥金融危机闹得不可开交。特别是最初几天，美国的援助计划由于国会的反对前景黯淡，市场进一步下跌，直到克林顿动用行政权力并联合国际货币基金组织，制定出了一个 470 亿美元的一揽子援助计划，市场才算暂时稳定下来。

世界经济论坛可以说是西方世界经济界的一个“骡马大会”，各国、各界人士凑到一起，交换信息、发表观点、寻找机会、私下切磋。各大通讯社、报社的新闻记者们也穿插于其中，搜集消息、采访人物、“煽风点火”。不过在我看来，会场上最为“壮观”的一景，是参加会议的各金融公司、投资公司、财团基金、企业集团的经济学家、金融专家、“战略分析家”们，在会上可谓上蹿下跳，为各自公司的利益极尽打探消息、分析对策之能事。这批人有着良好的专业知识背景，在资本市场上混迹多年，政界、学界、新闻界都有熟人，消息灵通，头脑灵活，长期分析当然不如学界的著名学者那样深刻、全面，但对市场当前的走势及其背后的各种短期因素了如指掌。由于墨西哥金融危机闹得正紧，所以他们在会上会下不停地找学者谈话、接受记者采访、相互之间交流信息，打越洋电话了解市场动态，从手提电脑上接通商业信息网络查询资料，真是忙得不亦乐乎。有好几次和他们在谈话时提到墨西哥那边的情况，他会告诉你“一小时之前”如何如何，市场上发生了什么变化、美国国会哪个议员说了一句支持或不支持克林顿方案的话，可见其工作效率之高。

其实仔细想想，还不正是这些人以及这些人为其工作的那些金融公司、投资基金，在墨西哥兴风作浪吗？不正是这些受过良好专业训练、懂市场、懂法律、正儿八经的专业的、现代的、有着几百年市场炒作经验的国际金融公司，一本正经、遵纪守法地在“玩弄着”墨西哥政府以及市场上的众多普通投资者，一会儿把资金投进去，一会儿又把资金抽出来。这是它们的正常职能，即在一切可能的情况下，在法律制度允许的情况下，在市场上捕捉和追求赢利的机会。是它们正确地抓住了墨西哥迅速开放市场、积极吸引外资、放松外汇管制、扩大外资经营领域的机会，大举进军墨西哥资本市场，在墨西哥全部引进外资中，投资于证券市场的资本据说高达70%以上；也正是它们，借助国际资本市场流动性强的特点，一有风吹草动，就马上撤离，躲避风险，最终导致了墨西哥的金融危机。对于这些引进国际资本的利益来说，它们这样做是完全正确的，你让它们“考虑发展中国家的利益”，反倒是你不正确了，因为你在做着违反事物本身性质与逻辑的白日梦。

墨西哥金融危机爆发之后，人们纷纷研究它能给发展中国家提供的经验教训。我想对于我们这种一方面是发展中国家，另一方面处在体制转轨型初级阶段的国家来说，重要的经验教训，不仅在于要用制度与政策引导外国资本更多地投向实业以提高本国的生产能力和出口能力，尽量使投机性强、流动性强的短期证券市场投资在全部外资中所占的比重不至于太高；不仅在于要控制外债的比重、保持适当的还债能力；不仅在于要及时对宏观经济走势进行监控与调整，防止问题积累扩大；而且还在于：在积极引进外资、借助外资发展本国经济的同时，要更积极地发展、壮大本国的民族资本（特别是民间资本），发展壮大本国企业与个人在资本市场上运作的本领，使本国资本和本国企业在国内市场上居于统治的和主导的地位。

一个发展中国家，特别是像中国这样刚刚开始建立市场经济、人们刚刚开始学习市场运作、刚刚进入国际市场的国家，一方面各方面的规章制度还很不健全，可被钻的“空子”还不可避免地大量存在，有些“空子”还是很大的空子；另一方面，人们还普遍地缺乏在市场经济中斗智斗勇的经验，企业家、投资家们缺乏市场竞争的经验，政府官员则缺乏管理市场的经验。在这种条件下，如果我们允许外资进入，而不鼓励本国民间资本成长，允许外国银行到中国来开展业务而不允许本国民间银行的成长与发展，允许外国的投资基金或金融公司到中国的证券市场上来炒作，却不允许本国民间资本发展自己的投资基金、金融公司，那将是一种最糟糕的政策。这种政策的所谓“论据”是国内没有人懂得如何开办民间银行、民间投资基金等，业务“不正规”，缺乏现代化手段，让他们发展一定是“乱搞”，而外国的银行和基金则“正规”“现代”“有经验”。但这种政策实施的结果是什么呢？一定是外国资本正正规规地在赚你的利润，“现代化”地钻你的空子，“经验丰富”地把你的钱骗走。国内的民间资本，当然在一开始是不正规、不现代、没有经验，但你不让他们开始发展，他们什么时候才能正规起来、现代起来、经验丰富起来？正因他们开始时还很不成熟，钻空子、投机“行骗”的本领也不很大，掀不起多大的风浪，骗了钱也仍然会有大部分留在自己的国土上，“肉还是烂在自己的锅里”。而且，对于这些处在“初级阶段”上的投机家，同样处在“初级阶段”上的政府也能管得了。管理者与被管理者的“水平”总是一起提高的、相辅相成的；管理者只能在管理“不成熟的”被管理者的过程中自己逐步成熟起来，才能更好地管理那些外来的经验丰富的被管理者。看着世界经济论坛上那些上蹿下跳、八面生风、经验丰富而又正规体面、“遵纪守法”的国际投机家，我真的很怀疑如果真的先向他们一下子放开市场，我们的政府管理部门是否是他们的对手。

市场不能没有投机——所谓投机，无非就是捕捉和利用赢利的机会——扼杀了投机就扼杀了市场。但正像一个发展中国家必须把发展民族工业放在首位的道理一样，鼓励市场投机，首先应该鼓励民族资本、国内民间企业的投机；引进一些外国投机家也是为了使我们自己的投机家们更好地向人家学习，更快地学到投机的十八般武艺，以使我们民族资本不仅从数量上壮大起来，也使其质量与“技能”尽快提高到一个较高的水平。那时我们才能不是总被别人“玩弄”，也可以去“玩弄”别人。

1995年2月4日

用制度降低风险

在1995年的世界经济论坛年会上，不仅以中国为主题的研讨会数目增加、比重增加，人们对于参加这些研讨会也十分踊跃。这些研讨会当然都是自愿报名的，没有强迫或分配。由于年会期间在同一个时间内、在同一个会议中心的其他会议室里还有别的同样令人感兴趣的研讨会在同时召开，所以参加某一特定研讨会的人数多少，的确可以作为这一论题和人们对于主讲人感兴趣的程度的衡量指标。今年（1995年）年会上有关中国的几次研讨会场场爆满，小会由于人数有限（200人左右），总还有几十人排在候补的名单上。

企业家、金融家、商人们关心中国，当然首先是因为看好中国的市场。一个12亿人口的大国，经济发展处于“起飞阶段”，人民的收入水平正在不断提高，购买力正在不断加大，对商品质量品种的要求也不断地提升，存在着大量的投资机会和可观的赢利前景，这对于任何一位商人、企业家、投资者、大财团、基金会，都是不可多得、千载难逢的发财的大好时机。这是商人们关心中国的最基本动机，其他一切都是建立在这个基础上的。人们关注中国经济目前存在的一些问题，如通货膨胀、宏观经济不稳、不确定因素增多等，但人们之所以对这些问题表示关心，说到底还是因为他们想来投资，想来占领市场，面临着一些投资决策的问题。当然最后的决定可能是不投资，一走了之，但至少在目前也仍在做投资的考虑。

不过，一位研究中国经济的外国学者在会上与我交谈时，告诉我他对人们心理状态的一种感受：去年他也来开会，那时人们对中国“看好”的程度比今年要高许多，更多的人是在打探什么样的投资机会较好，哪些领域、哪些地区更有利于发展，有哪些优惠政策，在哪里设办事处最合适，等等；而今年，人们的态度似乎更具怀疑性、批判性，更多的是在提疑问：中国目前是否适合投资，风险到底有多大？除了通货膨胀、宏观经济忽冷忽热的问题外，今年人们谈论较多的一个话题是政策多变、政策不透明、法制不健全、中国合作者遵守合约的信用差等。有几件修改合同的事件、逾期不还债的事件、知识产权保护事件，以及一些官员腐败的事件等，被一些西方媒体大肆渲染，加剧了人们对中国投资环境的疑惑，应该说是今年商人们关注中国问题的一个特殊原因，或者说，商人们似乎在以一种较为消极、较为悲观的心态在审视中国。

我想这位外国学者的观察还是有些道理的，因为就我自己在国内国外与国外经济学界人士（包括大公司经理与“公司经济学家们”）的交往，也颇有同感。

先不谈这些外国人对中国的现实情况存在哪些误解（也许我们

可以在另外的文章中单独加以分析），我们还是应该先来检讨一下我们经济中存在的问题。

投资这一经济活动的特点在于其长期性与风险性。它不像“管理”或“劳动”，可以今天干了今天拿钱，付出与回报可以是同步的（与最终收益挂钩的管理收入与劳动收入原则上是为了使管理者和劳动者与资本所有者共担投资项目的长期风险），投资则是今天投入，很长时期之后才能取得回报的事情，而在这一长时期内发生的一切事件，都可能以种种方式影响最终的结果；投入与回报之间的间隔越长，投资的风险性就越大，在投资决策时所面临的不确定性也就越强。外国投资者，都是些私人投资者，即使是基金会、财团、股份公司等，也都要为它们的私人持股人即最终所有者的财产权益负责，因此必然关心资本投入之后的长期回报，关心投资的风险性问题，不像我们的许多投资决策者，反正用的也是国家的钱，只顾投资时“痛快”，对未来回报，以至还债的问题并不多加考虑，风险不风险的对他们意义不大（有人说这是由于投资决策者风险意识不强，但我想更主要的问题恐怕还是在于从产权关系上根本缺乏考虑风险的动机与约束，不然为什么叫了那么多年“要有风险意识”，还是没有风险意识）。

未来的不确定性或风险（这两个概念实际是有差别的，不过此处存而不论），有两种，一曰天灾，二曰人祸。这里的所谓“天灾”，指的是当事人所无法预知、无法控制的一些外部因素，比如真正的自然灾害、世界市场行情的变化、世界大战等。而人祸这里特指的则是与一项投资活动相关的当事人行为的不可预测性和投资活动赖以进行的制度环境的不稳定性，包括政府有关政策的不确定性、多变性，合作伙伴的欺骗性（欠债不还，不讲信用、不遵守合约条款等）等等。总之，天灾可以理解为一切不以人的意志为转移的不可抗拒的外部因素，人祸则是人的行为问题，包括人们制定的制度与政策当中存在的问题。

对于任何经济来说，天灾可以说是一种普遍存在的风险，而人祸则是不同经济中所谓投资环境的差别所在。所谓合同、法律、规章、司法制度和人们的法制观念等，或者说，一切经济制度，它们最根本的作用，其实就是为了减小人的经济行为的不可预测性，减少经济环境的不确定性。在一个法制严格，不遵守合同、不还债就要受到法律规定的制裁的经济中，由于人们明确地知道自己如果不遵守合同会受到怎样的处罚，也知道合作伙伴如果发生违约行为或欺骗行为会受到怎样的处罚，知道这些行为的成本代价是什么，同时又知道双方遵守合约的好处是什么，人们就会较容易地预测别人的行为方式（当然这不排除还会有人违法，但违法的概率会减小）。我们本来不很了解别人的“诚实程度”，但在有效的制度下，由于大家知道了某种程度的不诚实的后果会是怎样的，便可以预测别人会至少达到怎样的诚实程度，合作起来风险也就会较小（任何一项投资都是许多人之间的一种长期合作关系）。所以说，一个好的法制体系是有直接的经济意义的：它减少投资的风险，因而能吸引更大的投资。稳定的、透明的政策、法规，稳定而有效的政治体制，也有同样的功效。

这就使人想到所谓“良好的投资环境”究竟是什么的问题。从硬件方面说，投资环境当然指的是交通、通信、各种基础设施等；而从软件方面说，良好的投资环境说到底就是一个能够提供稳定预期的法制体系和政策体系，保证各种合同的贯彻执行，减少各种交易成本。

有一位外国投资公司的经济学家对我说，作为投资者，当然希望获得税收政策的优惠，但是任何优惠政策本身也包含着不确定的因素，因为既然是优惠，就不是“正常的”标准，与别人处在不平等竞争的地位上，经济中就总会存在着取消这种优惠的压力；今天给了优惠，明天就可能取消优惠，而且还不确切地知道哪一天会取消优惠，结果是加大了不确定性、加大了风险，其实还不如一开始就有一个长期较为稳定的税收政策。有一家日本公司的经理对我说，他们在中国办了两年的办事处，寻找投资机会，但最终还是撤走了，原因仅在于“政策规定不透明”，不同部门的政策相互抵触，许多规章制度和政策的具体执行情况因人而异，换一个人就可以换一种做法，结果根本无法做有实际意义的投资项目成本收益分析。在他看来，透明、一致、稳定的政策和制度，要比优惠政策重要得多。

在一个正处在制度转轨过程中的经济体，要求一切制度、政策、规章“稳定不变”，是一种不切实际的幻想，因为如果真的那样，我们就不再有什么改革，就不再有实践的探索，也就没有制度的逐步完善。这一点我们有责任讲给外国投资者们听，使他们在投资时事先将这种不稳定性也计入投资的可行性分析中去，并告诉他们，赢利的机会也正在这种积极的变动之中。但是，从我们自己的利益出发，我们应该加紧改革，着眼于制度的稳定性和政策的稳定性，加强法制建设，提高我们各种经济行为的信用程度。同时，也要寻找一些为投资保险的具体措施，以减少实际存在的不确定性所能造成的负面影响。总之，不能总在提供优惠方面做文章，而是要在改善制度、减少风险方面做文章，才能使更多的外资投入到我们急需的建设项目当中来。

十分重要的问题在于，我们不是正在努力吸引外资的唯一国家，我们在与世界上众多个正在崛起的发展中国家竞争，亚洲的、拉丁美洲的许多发展中国家目前在各个领域内咄咄逼人，已经并正在吸引着越来越多的投资者；东欧各经济转型国家已经加速复苏，大量的欧洲和美国资本已经转向那边。你不加紧改革体制，创造更好的投资环境，别人却在加紧改革。外国资本不是为了你的发展而存在的，它们总是在追逐最有利的投资机会，你的投资环境不如别人，它们就不会到你这里来。所以说，如果我们承认外资的投入有利于我国经济的发展与市场的形成，那我们就更需要加快改革的步伐，最大限度地为国内国外的投资者提供一个稳定的投资环境。

1995 年 2 月 2 日

东南亚经济危机：一场及时的经济战预演

一

1997 年国际上的一个重大事件就是东南亚的金融危机。无论这次危机对中国产生或将产生怎样的负面影响，积极的影响都是最主要的——中国人很久没有对外国发生的事情像这次这样广泛研讨、认真研究、吸取教训了。几十年前或一百几十年前发生在欧洲、北美的类似事情早已被人们忘记了，因为时过境迁，历史已经过去；六年前发生在日本的事情（泡沫崩溃、坏债暴露），许多人没有在意，因为日本已经太发达了，我们与他们的发展阶段相差太远；20世纪80年代初拉美国家的债务危机、三年前发生在墨西哥的事情（金融危机、对外经济关系失衡），许多人也没有在意，因为那是遥远的南美，文化背景不同，国际环境不同。而这次的东南亚金融危机，发生在我们的邻国，而且发展水平相近，文化背景相近，不仅与我们有着较为紧密的经济联系，而且我们也与他们面临一些同样或相似的问题，如银行坏债、房地产积压、固定汇率制度等，于是引起了普遍的关注。从一定意义上说，这次的东南亚危机，相当于我们的一次“免费授课”——我们没有付出很大的代价，但却受到了几乎与我们自己遭遇金融危机一样的深刻教训。可以想象一下，如果没有这次的东南亚危机，我们没有对我们所存在的诸如国有企业、银行体系、资本市场等问题的危害性及其严重后果的较深刻的认识，不存在现在开始有的那种危机意识，而是相反，沿着过去的路子走下去，甚至进一步将日本、韩国的一些有问题的做法当作经验来学习（它们仍有许多值得我们学习的好的做法），到头来我们的问题可能比东南亚各国更加严重，发生的危机可能更加惨重，付出的代价可能更大。

因此，现在的关键问题其实不在于如何防止这场危机的负面影响，而在于我们如何及时而认真地吸取这些以别人的经济危机为代价的经验与教训。

二

东南亚危机发生后，许多人幸灾乐祸地认为“亚洲奇迹”破灭了，甚至“下一世纪是亚洲世纪”的希望也破灭了。其实，这一危机从各方面看来仍可看作东南亚国家发展过程中的一个插曲。第一，经济发展本身是充满风险的，落后国家的发展，因有发达国家的挤压，风险就更大些，出现一些曲折总是难免的。此次危机从目前看也还是比不上20世纪30年代西方大萧条那么惨重。第二，亚洲的奇迹已经发生了，人们的收入已经在二三十年内翻了几番，高楼大厦就是已经立在那里了，这次的危机本身使经济得到调整，也使人们更清醒地认识到自己的问题，加以改革和调整，只会使今后的发展更加健康地进行下去。亚洲一些国家在短短30年的时间里走过了西方一些国家300年所走过的发展道路，不出一点问题、没有一些波动，反倒是奇怪的。没有这种历史的观点，我们既可能错误地判断形势，也会无法正确地总结与吸取经验教训。

与此同时，所谓东亚模式却的确值得我们很好地反思。过去一些我们当作经验、样板的东西，这次被证明从长期来看是弊多利少的事情。比如政府保护下的企业发展，“主办银行制”，经济计划与产业政策，追求企业规模，多样化经营的大企业集团，等等。这并不是说我们东方国家历史和文化的特征就不会在经济发展和经济体制上留下特殊的痕迹，但搞市场经济归根结底要按照其客观经济规律办事，市场经济有一般性的制度要求必须遵守，来不得所谓的发明创造或东方特色。

总之，东亚奇迹依然存在，东亚模式正在接受实践的检验并在危机中受到校正。

三

东南亚一些国家这次遭受金融危机的困扰，从宏观经济管理方面看，一个重要原因就是投资过度、经济过热，因此我们首先要汲取的一个教训就是要警惕经济再次过热，不能认为保持经济比例平衡之类的原则只对别国适用，而我们“就是不一样”，就是能“超常增长”“永远牛市”。但是，在另一方面，我们可以汲取的一个教训却是经济也不可“过冷”。国内体制问题、结构问题越多，越是不能停止增长。

这次东南亚各国陷入危机，或多或少都与1996年世界市场需求下降、导致各国出口增长下降，从而引起各国经济增长率下降、国内外债问题暴露、贸易不平衡与国际收支不平衡问题加剧等有关。有的人认为，这是由于这些国家外贸依存度过大。但是，如果在外贸出口需求下降的同时，采取扩大国内需求的宏观政策，保持经济的增长，至少可以不使国内金融危机发生并引发国际收支危机。韩国这些年已经累积起了较严重的体制问题和结构问题，突出表现在银行不良债务严重。在这种情况下，1996年全球半导体需求下降、价格下跌，严重影响了出口和国际收支，导致一系列债务问题暴露，企业破产，国际信用等级、融资能力也随之下降，最终酿成了全面的经济危机。

像银行不良债务这样的问题，是否演化成金融危机，很大程度上取决于人们对经济增长的预期与信心，因为信用问题本身就是一个对未来的信心问题。不良债务越多，人们越敏感，增长率稍有变动就可能影响到泡沫的破灭。因此，即使对于一个资本市场尚未开放、货币不能自由兑换的经济来说，为了防止国内发生金融危机，也可以从这次的东南亚经济危机中汲取教训：不良债务这样的问题越严重，首要的当然要抓紧体制改革，但同时也越要在宏观政策调整上做文章，防止经济滑坡、保持经济适度增长。

我国目前银行不良债务严重，同时出现了通货紧缩和增长速度下降的局面；在东南亚经济危机的背景下，近期内就更是面临出口增长趋缓、外国直接投资趋于下降的可能性。在此情况下，适当调整宏观政策，扩大国内投资需求（主要应是基础设施投资），已成为当务之急。

1998 年 3 月

多重性的现实与多种经济政策的组合

在这两年讨论宏观经济政策问题的时候，经常听到否定经济总量关系和宏观政策重要性的观点。两种最有影响的论点是：

一、中国经济问题的根本在于体制，一切问题都是体制问题，而不是什么总需求不足的问题，因此不需要调整宏观政策，只要坚持改革，一切问题就可迎刃而解。

二、中国经济的问题，包括这两年市场需求不足的问题，原因在于结构，是结构失衡、投资过度等导致市场供需结构发生错位，所以根本的措施在于结构调整，而不必调整总量关系，扩大国内需求。

这两种观点在一定意义上不错。第一，中国的确存在着以上两方面的问题；第二，以上两方面的问题是比宏观问题，即总量关系问题更本质、更根本、更具决定性的问题；中国的总量失衡，在很大程度上就是由这些更根本性的问题所引起的。而宏观政策，只不过是在短期内调节一些经济变量关系，目的仅在于“熨平”波动，并不能解决以上这两方面的根本性问题。

但是，这两种观点的似是而非之处在于：

第一，现实经济中，我们总是同时存在着许多方面的问题；同一现象可能同时由几种原因所引起。比如就这两年发生的“银行惜贷”现象，可以说就是几方面因素共同作用的结果。首先是 40 年不还的国企债务累积到今天，银行实在难以为继，企业也个个债台高筑，越来越少的人还会相信再借债给它们，它们会好起来并会还债。其次是前些年的盲目扩张、投资，导致许多部门生产能力过剩，优胜劣汰的速度又太慢，存量无法调整，在给定市场需求（任何一个量的需求）的前提下，一些部门内进一步扩大投资的回报率相对下降，也导致银行不愿贷款。但与此同时，毕竟还是存在着另一个因素，那就是连续几年控制投资支出的宏观紧缩政策导致总需求扩大速度相对过慢，市场需求不旺，投资回报普遍较低，普遍找不到能令人信服的“好项目”(如果只是一些部门差，一些部门好，你可以说是结构问题，但若普遍不好，则一定有总量问题)。

第二，这么多年来，我们什么时候没有体制问题？什么时候没有结构问题？但为什么有时相伴随的是通货膨胀、经济过热，有时发生的则是通货紧缩、市场疲软？这说明，总量关系问题的确可以从多面的、复杂的经济现象中抽象出来，作为一个相对独立的因素加以分析并用特殊的政策加以对待。体制问题相对于宏观总量问题无疑是更根本的。笔者自己在过去的文章中，在《公有制宏观经济理论大纲》一书中，一直把中国宏观经济失衡的最主要原因归结为我们的体制缺陷，把体制改革作为中国最主要、最根本的政策问题，但笔者一直认为宏观总量问题的发生，仍有独立于体制因素的其他因素（如货币供给、政府支出、前期政府对投资的控制程度等）的作用。

第三，最似是而非的论点是“通过体制改革实现经济稳定”，或“通过结构调整克服市场疲软”。正因为体制问题、结构问题是更根本性的问题，它们也是一种长期问题——体制改革和结构调整都只能是在相当长时期内才能见效的过程（我们搞了这么多年改革、叫了这么多年调整，有些方面才刚刚开始见到成果）。而我们却经常会遇到要在一两年内把通货膨胀压下来的问题，遇到如何尽快扭转通货紧缩，如何克服外来事件影响（如亚洲金融危机）保持经济增长的问题，这些都是一些必须在短期内见效的问题，等不得改革、调整的漫长过程。宏观问题从来就是一个短期问题。所以，说“通过改革促进经济长期稳定发展”是对的；但说“通过改革实现宏观经济稳定”（抑制过热或避免通货紧缩），其实是不对的。

第四，用一种经济问题，无论它是多么基础性的问题，来代替另一些经济问题，或者用一种经济政策，去解决所有经济问题，是不对的，也是行不通的。经济学的一个基本结论是：如果经济中存在 N 种变量，发生 N 种问题，你必须有 N 个政策去加以处理。这 N 个政策之间有必要相互协调，不使其相互冲突，但不可能用一种政策或 N-1 种政策解决 N 个问题。在多种因素、多重问题存在的情况下，我们必须既有深化改革的政策，有结构调整的政策，又有总量调节的政策。

宏观经济政策的基本目的是减少波动以取得动态效率（任何过热或过冷都是动态无效率的），它有别于一般的配置效率和生产效率。同时，从宏观稳定与体制改革的关系来说，也是相互促进的。宏观稳定事实上会起到对改革“去除干扰”的作用，使改革能在正常状态下进行。比如过热的经济会使企业过于自我感觉良好，缺乏改革的压力；而过冷的经济则会因新增就业数量减少而使安置下岗职工再就业的问题难以解决，使改革无法以应有的速度进行。所以说，宏观政策调整，去除了宏观过热或过冷这个因素，可以更好地改革。这也可以说是追求“改革的动态效率”。

中国经济当中的问题太多了，以至有的人看到了这个、看不到那个。中国经济当中有的问题太重要、太“本质”、太“根本”了，以至有的人一叶障目，一个问题盖住了其他问题。这些都可以理解。但我想这当中有两个十分重要的方法论问题值得我们重视：

第一，经济学不仅只包括制度经济理论，也不只包括结构市场均衡理论，还包括宏观经济理论，以及其他分析各种特殊因素的理论。各人可能学术有专攻，但不能以一部分理论否定另一部分理论的重要性，不能用一种政策问题取代另一些政策问题。

第二，经济学的基本分析方法是对复杂的经济现象进行抽象分析，分析出各种相对独立的“解释变量”，然后再将其综合起来分析现象的整体。这里首要的基本功是抽象，抽象清楚了，最后才能综合，而不至于片面，不至于看不到事物的另外一些方面、各个方面。不会抽象的人，最终不会综合，不知道如何把不同的因素，放在适合的位置上，解释复杂而多重性的现象。

1998 年 4 月

政府在经济发展中的“额外作用”
——关于“东亚发展模式”的再思考

东南亚危机后，所谓的“东亚发展模式”受到人们的挑战。人们的讨论集中在两个方面：一是东南亚危机与东亚发展模式之间的关系；二是发展中国家的政府究竟能做什么，政府是否可以、应该在经济发展中发挥干预的作用。因为所谓东亚发展模式首先具有的、可以说是最醒目的一个特点就是一个经济中集体行为或政府干预发挥了特殊的作用，包括运用强制的办法来推进市场环境的发育和完善，实行强制储蓄，实施某种产业政策，等等。

第一个问题，我想首先是如何看待经济发展过程的问题。发展过程必然也是有曲折、有波动、有危机的；风险、危机等可以说是经济发展过程中的一个必然的和正常的组成部分；经济发展本身就是一个充满风险的过程；怎么能够想象经济发展没有风险和危机的伴随？西方国家的发展模式在其发展过程中也是经常出现危机的。东亚国家经济高增长 30 年没有发生重大的经济危机，这本身就已经是一个奇迹；这次的东南亚危机再大也大不过 20 世纪 30 年代的危机，所以，简单地用现在的危机来否定东南亚的发展模式是错误的。

第二个问题当然是当前理论讨论的重点，即政府的作用问题。而要想讨论这个问题，我想有两个重要的事实要作为前提搞清楚。第一个事实是，东南亚的问题是一组发展中国家的问题，而“发展中国家”的定义本身就意味着已经存在着一组“发达国家”，它们已经先行发展起来，在经济、技术、资本等方面已经位于优势，而且在国际市场上处处挤压着发展中国家，使发展中国家在很多方面都处于劣势；而作为发展中国家，无疑又会有它的特殊的优势，比如通常所说的比较优势，没有这些东西发展中国家可能就只能永远地处于劣势。这是一个非常关键的问题。现在讨论的东亚发展模式实际上是特指的一组发展中国家在与发达国家有很大差距的情况下开始“起飞”这样一种模式，而不是在一般意义讨论经济增长方式，不是指在同一起跑线上，哪一种经济增长模式更好。发展中国家最终面临的问题是怎样加入到世界经济体系中去，使自己更具竞争力。这是发展中国家，包括当年的社会主义模式实施赶超战略的潜在动机。第二个重要的事实是，发展是有阶段的，发展较高阶段上出现的问题与较低级阶段上遇到的问题是不同的，现在讨论东亚模式，也要有一个发展的观点、阶段的观点；对于较高发展阶段上是错的东西在较低阶段可能是对的，反之亦然。

上述两个前提性的事实带来的主要问题是：在技术、资本、制度都比较缺乏的情况下，发展中国家应如何发展？发展中国家究竟有哪些可以利用的特殊的优势？（我这里想特别强调“特殊的”优势。）当然，即使发展中国家有一些优势，那也是落后的优势。具体来说我想作为发展中国家无非有以下两个方面的优势可以利用：

第一个就是前面讲到的比较优势，主要是在劳动力要素相对充裕的资源结构下，劳动力成本较低。发展中国家一定不能再搞“贪大求洋”，不能在资源结构条件不具备的情况下过分强调发展高科技，而不去根据成本最小的原则，在不同的阶段下不断利用“适当的技术”（proper technology），大力发展劳动密集型的产业。东南亚各国成功就成功在发挥了自己的比较优势，而出问题就出在了“贪大求洋”。这要求发展中国家在选择发展战略时，不管是政府选择还是市场选择，都必须充分发挥比较优势。

我想强调的是第二个优势，就是作为发展中国家，有一个特殊的“知识（或信息）”优势，也就是有发达国家的经验可资借鉴，既包括市场经济体制的建立与发展方面的知识，也包括现代产业、科学技术发展方面的经验与知识，甚至包括对付经济风险、经济危机的对策的经验与知识。这就可以用已有的“落后的优势”或“后发优势”（advantage of backwardness）的概念来概括。

实际上，一切关于东亚国家“集体行为”或政府作用的争论，不管是“发展推动论”还是“市场增进论”都是假定政府可以在体制转型、在发展战略上集中各种知识和信息，然后制定出相应的政策，利用政府（通过政府）的特殊权力以贯彻，以使体制转型和经济发展的速度更快一些。政府到底能起多大的作用，集体行为或政府干预的效果是好是坏，其实最终都得在这一特殊因素的基础上加以论证。而作为发展中国家的政府，是否应该或者能够比一般意义上的政府，或者说比已经发展到前沿的发达国家的政府，在经济增长和经济转型过程中，“多发挥一块”作用，说到底要用发展中国家作为一个整体（政府在一定意义上可以看作公共利益或公共意志的体现）是否拥有“多一块”信息或知识，来加以论证。当我们还没有达到世界经济体系发展的前沿时，我们的特殊优势就在于可以“免费利用”那些已经成为“国际公共信息”的别人通过失败与危机积累起来的经验与知识，使我们的发展过程相对别人已经经历的过程而言，成本更低一些。比如，对资源配置和产业结构，对于产权的重要性和用法律保护产权的重要性，对市场竞争的作用，对经济危机发生的原因以及宏观经济对策等，发达国家在多年（几百年）的发展过程中已有了经验，有的已经写进了教科书，可以供后进国家加以利用和借鉴，用不着发展中国家也通过那么多的曲折、“试错”、波动、冲突、危机的代价（这些东西现在似乎都被“智者们”忘记了）去一一重新获取，可以参照发达国家的经验来做出有效的制度安排和政策选择（“市场增进型政府”的主要作用不在于产业政策，而在于运用政府权力，积极地推进一整套市场经济体制的建立）。

这种建立在“多一块知识”基础上的政府的“多一块作用”，我想在经济与社会发展的最初阶段，在经济发展问题还不是那么复杂的时候，适用性显然更大一些。到了更高的阶段，特别是当一国经济开始进入需要自己进行创新或已经能够在像“发展高新科技”这样的领域内参与国际竞争的阶段，其适用性就要大打折扣，因为到了这些“前沿领域”，首先是情况本身变化非常快（比如科技进步）；其次，既然已经是“前沿领域”，也就不再存在多少可以供发展中国家利用的“多一块的免费信息与知识”，社会与政府所具有的知识优势相对来说就要少得多。因此，作为发展中国家，发展水平越高，也就越要求“集体行为”或政府的直接领导与干预的作用越小，而由市场选择的领域要越大。

总之，我倾向于肯定东亚发展模式中政府在发展初期的特殊作用，因为我相信“发展中国家”这个概念本身有特殊性，它一定与发达国家、与已经到了“前沿”的那些国家有所不同，一定有它的特殊问题，也一定有它的“特殊优势”，不利用这种优势，使自己的发展进程有别于一般的，或者说有别于历史地处在了世界经济前沿的国家的经济增长进程，相反也和发达国家过去在历史上所作的一样，反倒是错误的，是“浪费资源”(即浪费了那一块额外的免费知识)。

当然，政府干预有政府干预的特殊问题。政府本身是一个官僚机制；政府决策会犯这样那样的错误；民主制不健全则会产生更多的问题；在发展初期所搞的一套机制（包括政府干预与政府保护）之下会形成特殊的利益集团，会对体制转轨产生额外的阻力，想加快改革、及时“转入下一阶段”都难办到。腐败、过度投资、高额坏债等，这些东西一旦发生，都可能积重难返，成为经济与社会危机的根源。这些都是值得高度重视的问题。东南亚经济危机也是这样告诉我们的，我们要引以为戒。本文不过也是想指出政府主导型的体制在发展初期可能起到积极的作用，完全不排除在一定条件下也可能起坏的作用。不过，我不相信世界上存在没有缺陷的发展模式。避免了一类问题，会面对另一类问题。对于经济与社会发展来说，特别是对于在发达国家挤压下的发展中国家的发展进程来说，我不相信存在十全十美的模式。先抓紧时间发展起来，当了“富人”，去解决“富人的问题”，总比长期停滞不前，总在那里解决不了“穷人的问题”，要好得多。

在当前，在危机还没有过去的时候，我们当然最主要的是要反思“东亚发展模式”的问题。在目前条件下肯定政府在发展初期所能起到的特殊作用，在学者中也不是什么时髦的事情。作为中国人，由于从计划经济而来，政府“不正当干预”问题更加严重，许多政策也不一定就是在起“市场增进”的作用。所以我们应从这次危机中吸取教训。而本文的目的，仅在于想提醒人们，我们不必走向另一个极端，不应因为发生了危机就彻底否定一种发展模式中的合理成分。

1998 年 7 月

第三章

经济利益与经济体制

"骗"出一套新体制?

我们现在所处的这个年月，骗子似乎越来越多了。搭个野班子，刻上几个"筹备中心"的图章，上上下下全国各地能卷走几十万；把头梳梳光，一副金丝眼镜，一只密码提包，操上几句"广普话"，作港商状，便能弄到上百万的订单货款，然后逃之夭夭。小"托"小"骗"拖欠赖账之类已多到报刊都不愿再作报道的地步；假冒伪劣之多，以至要成立"打假办公室"，还要来个"质量万里行"；甚至连政府机构内部都是"村骗乡，乡骗县，一直骗到国务院"。无怪乎那么多人惊呼世风日下，有的甚至责怪搞市场经济搞得人们道德沦丧。

其实如果我们承认人非圣贤，承认总会有些人要利用各种可能的机会和制度上的漏洞，用各种可能的办法为自己谋取一分利益，就应该承认在体制改革的过程中，骗子多了一些是十分自然、十分正常以至是十分可喜的现象。如果说"乱世出豪杰"的话，那我们可以说"改革出骗子"。原因并不复杂：改革是一种破旧立新的过程，旧的一套体制、规章以至与之相适应的道德规范、行为准则正在解体、失去效力，而新的市场经济的规则与规范还没有完全形成，还不完善，人们还不知道怎样在新的体制下保护自己的利益、谨防坑蒙拐骗，经济生活当中就难免出现一些"制度真空"，可供"小人"们钻的空子也就会多起来。骗子多了，正说明我们的改革正在深入进行，遍地铺开。骗子的个数衡量着改革的深度与广度。

信用、信誉、诚实、“保质保量”这些东西，不能仅当作一种“美德”来看，而也得当作一种制度的“产品”来看待。经济学可以完全不承认、不依赖什么“为消费者负责”“为他人着想”的美德，而只承认斤斤计较的利害得失。我们可以不去管古代的诚实与信用是怎么形成的，在现代商品经济中，信用不是因为其美好才被人们所信奉，而只是因为它有用、有利，才被人们所遵守。其基本逻辑无非是：你想骗我，我也想骗你；你想骗我时我便想方设法防你的骗，我想骗你时便要琢磨着如何让防骗的你防不着我的骗；魔高一尺，道高一丈，兵来将挡，水来土掩，骗到最后大家一方面被骗得越来越聪明，另一方面也骗得累了，才发现其实谁都不是傻子，天生被骗而不会骗人；大家费了那么多劲你骗我我骗你还不如谁都不骗谁更省事、更合算、更经济一些（节省交易成本），于是大家偃旗息鼓，制定下一些共同防骗的规章制度以利于好好合作，人也显得诚实、讲信用、讲道德了起来。

事物发展的这一逻辑，一方面表明在新型的商业道德确立之前，总难免有一个骗子泛滥的过程，另一方面也说明，有利于大家诚实合作的制度，往往正是在大家你骗我、我骗你的过程中逐步形成的。有骗人的，就有人要防骗，那防骗的过程，其实正是制度的形成过程。比如“合同”或“契约”就是为了防骗而产生的。最初大家可能都是君子口头协议，后来有人事后不认账，才发现得有“合同”这样一种事前用文字写下的制度。怎么订合同，也是骗出来的学问，一笔买卖里可供钻的空子会有很多，一开始谁都不可能想得很全面；受了骗，吃一堑长一智，下次再订合同就会完善一些，于是乎合同的文本也就越来越长，条款越来越多，越来越细。

光有合同还不行，还得保证执行，不执行合同的人要是不受惩罚，合同不过是一纸空文，于是先是有了私人间的“械斗”或“私设公堂”，然后有了“要债公司”(黑帮团伙有时也起这种作用)，后来发现还是大家交点税，搞些社会的、公共的机构比较便宜，也容易较为公正，于是“攒”出了政府、法庭、警察之类的玩意，私人合同中的一些条款，也变成了大家共有的法律中的一些内容，免得每次都要重写一遍。仔细分析一下就不难发现，大大小小的制度很大程度上都是为了防骗而建立的。

我们的传统体制，是靠垂直的管理与监督来维持的，并形成了与之相适应的大家都对上负责、对上级诚实就是对人民诚实的道德准则。体制改革，引入市场机制后，经济主体多了，横向的经济往来多了，怎么对别人诚实的问题便突出了起来。旧的规则和旧的道德已不再适用，新的还有待建立，于是出现了骗子增多、“三角债”难清，欠账的是爷爷、要账的是孙子之类的事情。所以问题不在于“道德沦丧”，而在于如何在新条件下重建“防骗体系”。在这当中最重要的问题是政府经济职能的转变，其首要职能要由原来的“发号施令”，转变为“保护产权”，法律的设置和执法机构的加强，也要与此相适应。市场经济搞起来了，政府的职能与之不相适应，出现“政府缺位”，其他一些东西就会来“补位”，像“要债公司”“家族势力”之类，“黑帮团伙”也会趁火打劫。“保护产权”一事不由政府当作“公共物品”来加以提供，就会有人当作“私人物品”来加以提供，同时就难免产生出许多副产品。我们已经有了政府机器，最好还是靠转变职能过渡到新体制，而不要再走一个漫长的重组过程。与此同时，各种民间的“防骗工事”，也需逐步建立、完善起来，像法律顾问、律师事务所、商业合同、“消协”之类的机制，也起着防骗的重要作用。在我们的改革过程中，随着骗子的增多，政府职能的转变和民间机构的建设也在进行。我之所以对骗子增多这件事持乐观态度，根本上还是因为相信防骗的新规则、新体制以及新型的商业道德准则，必将在大小骗局之中诞生。虽然有国外一些现成的规则可供参考借鉴，但有中国特色的骗子总得我们自己对付，所以新体制有赖于我们自己在与各色骗子的周旋中逐步形成、掌握和应用。我们谁都不是先知先觉，不受骗不知防骗之重要，不受骗难学会防骗，所以在一开始不可能把一切规则都搞得很完善、很精细，总要有一个过程。骗子一多，大家都引起重视，新规则才能普遍地形成；骗术越高明，规则才会订得越严密。你仔细观察一下，现在的骗子们其实骗术还很简单，很原始，得手还太容易（体制的漏洞还太大、人们还太“傻”），所以从体制改革的全过程来说，我们还和骗子们一样，都只是处在“初级阶段”。

作为一个人，我相信人与人之间存在着许多美好的东西，有真切的爱心、善良的愿望、温暖的友情、诚实的信誉、“利他主义”，好人是多的，人间是暖的，但作为经济学家，我宁可把人先假定为是“恶的”“丑的”，无时无刻不想骗人的。我想这可能反倒有利于经济制度的完善，经济问题的解决。天下的事不怕多往坏处想，只怕只往好处想，一厢情愿地上当受骗。这种思维方式不是没有坏处，因为为防小人所设的制度，有时会约束到了君子头上，浪费了君子的时间，比如签合同之类的事就是如此。但这也是没办法的办法，是为了保障君子的利益。没有有效的制度防小人，小人就会泛滥起来，直到最后不再有人去当君子。道德的沦丧，根本的原因不在于“教育”不够，而在于制度不灵。也正因如此，我宁可相信制度，而不相信“人性中的美德”。

1993 年 1 月 28 日

换一个思路看“践踏草地”

前几年曾见过一幅漫画：一所大学校园内，道路整齐，横平竖直，但人们却偏不走大道，而是在大道之间的草地上抄近路，直达楼门口，在草地上踩出了一条条明显的“小路”。漫画的文字注释是两句话：“中文系的学生说：路本来是无所谓有、无所谓无的，人们踩得多了，就形成了路。数学系的同学说：两点之间直线的距离最短。”漫画的寓意很清楚，是讽刺那些不遵守规章制度，践踏草地、破坏环境却还振振有词、旁征博引的大学生以及其他种种类似的行为。

后来又读到一篇小品文，说是有一位建筑师设计了一片房子，却没有设计房子之间如何修路。有人问他时，他让人们把空地上都种上草，然后看人们如何去踩，再把人们踩出来的地方铺成路，旁边安上石凳、果皮箱等。再后来我到了美国哈佛大学，看到校园里草地上真的就是横七竖八铺着人们按“两点之间直线最短”原则踩出的“小路”，所不同的是，这些小路是用柏油铺好的“正经”的路。难看吗？我并不觉得，反倒感到颇有“人情味”。脚下光滑平坦，两旁郁郁葱葱，一切清清爽爽，又不用修那么多栏杆千堵万截，相信从全世界来此的各路学者们也不觉难看。

是修改“人情”还是修改“制度”，我想这是一个根本性的分歧。人情是需要修改的，无论“性本善”还是“性本恶”，可以说在目前我们的人情中确实还存在着先天带来、后天养成的许多丑恶，需要逐步靠道德教育加以改善，这点可以不去争论。但问题是：假如人情一时半会儿修改不好怎么办？是让制度去“迁就”它，还是让它来“顶替”制度？制度本来是为了调节人际关系而设立的；有什么样的人，就应该有什么样的制度去相应地调节这样的人之间的关系。硬要设计出一套适合于另一种人的制度，让它来调节这一种人的关系，这种制度又怎么能有效率？于是只好在制度不灵时来“教导”人们、“号召”人们“要”怎么怎么做，“应该”怎么怎么做（比如：“应该”执行国家政策，“应该”减少浪费，“应该”积极生产、提高产率，等等）。

我不想简单地用上述分歧概括传统体制与市场经济机制之间在思维方法上的差别（没有那么多篇幅去防止可能发生的误解），但我想在体制转轨、体制创新的过程中，我们应汲取过去的经验教训，使我们的“设计”与现实中“丑恶的人性”相适应（等到人们被“教育好了”以后再去修改设计也不迟）。对实践中发生的一些“乱套”或“出格”的事，也该换一副眼镜来看待：没有规矩不成方圆，有了规矩也不一定成方圆，关键的问题是看那是些什么样的规矩。中国的一句俗语叫作“顺毛摸驴最省劲”。驴不摸是不行的，否则它不干活，但我们不能摸了半天到头来又发现：怎么还是在干“戗茬儿”的事?!

1993 年 2 月

改革开放过程中的体制改革

社会主义市场经济是一个完全不同于旧的集中计划，也不同于目前实行“分权制”的国有经济的新的经济体制，它要求对旧的体制作根本性的改革，在各个方面建立起新的体制。这是一个艰巨而复杂的任务。要加速实现这一目标，而不是使实现这一目标更加困难，我们所面临的一个重要问题是如何立即停止旧体制的扩张，停止“复制旧体制”。

以往改革开放的一个重要成果，就在于我国经济中出现了新的经济体制成分。这里所谓的“新体制经济”，指的主要就是各种非国有经济成分，其中包括城乡集体合作经济、外资合资经济和私人、个体经济等不同于旧体制的产权关系并因此按照与旧体制不同的方式运行的经济实体。过去 14 年，我国经济体制结构的变化，既取决于新体制的成长，也得益于旧体制的改造。但是，除了农业经济体制的变化之外，整个经济中体制结构的变化应该说主要归功于新体制成分的成长。旧经济体制即原国有经济部门的改革，不能说完全没有取得进展，比如引入了市场价格调节，实行了各种形式的经营责任制，某些政府部门的职能也发生了转变，等等，但从国有企业的基本行为方式和运行效果看，从政府与企业、国家与职工的基本关系看，还很难说旧体制已获得了实质性的改造，经济关系已发生了根本性的变化。我国整个经济运行体制之所以已发生了初步的改变（笔者不同意已发生“根本性改变”或“重大转变”的判断），市场机制之所以已开始在许多方面发挥作用，经济状况也较为稳定，主要的原因还是在旧体制的周边生长、发展起了一大块新体制成分。正是这些新体制成分的成长和所占比重的提高，使我国整个经济的运行机制开始具有了不同于旧体制的“新特征”。当前我们深化改革和发展市场经济的一项根本性任务，仍然是要进一步逐步增加新体制的比重、减小旧体制的比重，最终实现由旧体制到新体制的过渡。

但是，一个值得注意的问题是，阻碍对旧体制进行改革的各种因素，虽然一方面因新体制的成长而有所削弱，但另一方面也因下述种种情况而有所加强：过去十几年中，原有既得利益集团的利益在有些方面受到削弱，但在另一些方面反而有所加强，比如在中央政府“放权让利”过程中，各级地方政府、国营企业、国家职工、各级官员等，又获得了新的受到行政权力保护的既得利益；旧体制官僚化程度又有所突出，变得更加“根深蒂固”。特别值得注意的是，随着物质的扩大再生产，旧体制本身也在“扩大再生产”，虽然其按产值计算的相对比重在国民经济中有所下降，但其绝对规模却仍在扩大，导致“吃旧体制饭”的既得利益集团的规模没有缩小，反而有所扩大。新建的国营企业绝大多数仍然按照旧的产权关系、旧的管理办法运行，新就业的国营企业职工和国家干部基本上仍然按照旧的劳动工资制度端“铁饭碗”、吃“大锅饭”，国家职工在社会劳动力中所占的比重和总就业中所占的比重不但没有缩小，近两年还有所上升。一个颇能说明问题的例子是，这些年我们无时不在“大讲特讲”简政放权，改革旧的行政体制和用行政办法管理经济的体制，但事实上，政府行政部门雇员在社会总就业中所占的比重在过去 14 年中由 5.8% 增长到 6.7%；年年都在讲打破"铁饭碗"，但各种享受"国家职工"待遇的人数仍以年均 2.6% 的速度增加。所谓改革，说到底是改革人们的利益关系；改革的阻力，说到底来自将要在改革中受到或暂时受到一定损失的各种既得利益集团。因此，旧体制下既得利益集团的扩大，必然使进一步改革的阻力加大，使对旧体制的改革更加困难。政府规模的扩大，使得"政企分开""简政放权"等改革更加困难；享受"国家职工待遇"的国营企业职工人数增加使劳动工资人事体制的改革（所谓"破三铁"）阻力加大；按照旧方式管理的国营企业和国有资本的增加，会加大国有资产管理体制改革的难度。如果新增国营企业又加入了亏损企业的行列，改革起来就更难。

复制旧体制的问题，最突出地表现在社会投资资金的使用上。我国目前的国民收入储蓄率每年高达 30% 以上，甚至近 40%，这是经济发展的一个非常有利的因素。但是，这些储蓄的大部分迄今还都是通过银行变成贷款投入了国有经济部门（有的统计调查表明，国家银行系统贷款的 90% 以上都是对国营企业或地方政府投放的）。这些贷款除了被用来弥补亏损、还"三角债"以外，很大一部分被用来建设大大小小的新的国有企业，其中绝大多数仍实行旧的所有制形式和旧的管理体制，很大一部分的投资回报率很低，有许多一建成就开始亏损，不仅没能像预期的那样成为各级财政的新财源，反又成了新的包袱，要靠新的补贴或银行挂账养起来。而与此同时，许多采用新体制的非国有经济却因得不到贷款而难以迅速地扩大生产规模、实现升级换代、提高经济效率，许多落后地区则难以实现经济起飞。有的人说，非国有企业如乡镇企业也会投资失误，也会经营不善，也会发生欠账不还等现象，与国有企业没有什么不同。但是，在我们的现行体制下，有一个重要的区别必须看到，那就是，非国有企业欠账不还，基本上只是“一次性的”，不会像亏损的国营企业那样成为财政补贴的新的支出对象，也不会成为需要银行不断追加新贷款以维持其生存的新的“无底洞”。市场经济条件下出现决策失误，出现坏账，总是难免的，但市场经济的运行规律就是不断地优胜劣汰，若企业本身真的是自负盈亏，这些坏账的负效应就是有限的，不会使资源的无效利用进一步扩大，也不会引起国家财政支出的进一步增加和宏观资金运动上的进一步失控。我们投资资金使用效率低，企业经营效率低，企业只能生、不能死，亏损补贴严重，“三角债”前清后欠，银行挂账不断增加等问题，长期未能解决，现在再拿着大量宝贵的资金去“复制旧体制”“扩大老问题”，不能使其发挥出应有的效率，实在是太可惜了。

正是由于旧体制仍在不断被复制，不断被扩大，旧体制改革的难度和阻力在许多方面并不比 5 年或 10 年前小多少。如果我们仍然希望避免社会矛盾激化，在稳定的社会环境中逐步完成向新体制的过渡，现在就应该继续积极地扩大新体制，缩小旧体制。旧体制的改革有许多困难，一时还不能彻底改造，但我们至少可以做的一件事是：制止它本身的进一步扩大，或者说，停止复制旧体制。不能再一边甩包袱甩不掉，一边又背上新包袱；一边想改改不动，一边又去复制那个想要改掉的旧体制。这并不是说旧体制成分没改之前就不能利用旧体制下的社会生产力进行扩大再生产，而是说在物质扩大再生产的同时，要尽可能停止旧体制的扩大再生产，要努力在扩大物质再生产的同时，尽量引入新体制，使物质扩大再生产具有新体制的社会形式和运行机制。比如：

——对于新增资本或投资项目，我们应该从现在开始就逐步试行新的集资方式、所有权形式和资产管理制度，用股份制、投资公司或民营贷款投资等新形式取代旧的国有国营投资体制，从每一新增资本开始改变投资管理体制和资产管理体制；

——对于新建企业，应该不再实行原有的行政管理办法，不再纳入旧的行政隶属关系和计划管理体制，而是纳入市场体系，采用新的管理办法，使其更直接地面对市场、自负盈亏，不再像现有企业那样享受旧体制所提供的各种非市场性保障；

——对于新增职工和管理人员，从现在起就应立即实行新的劳动工资制度、社会保障制度和住房制度，不是名义上搞合同制而实际上还是和原来的固定工那样享受“铁饭碗”。

具体的实施办法当然要依具体情况而定。现实地说，实行新体制在一开始也不一定就是“全新”，但“有新意”就比完全沿袭旧体制为好。“停止复制旧体制”这一思路应该尽快地明确起来。在原有的旧体制不能立即改造之前，停止复制旧体制本身就意味着引入新体制，增加新体制比重，因此也是改革大业的一个组成部分，也是积极地推进改革。

一般地说，在不能一下子变旧体制为新体制的情况下，首先实行“双轨”，这可以说是缓解社会矛盾又积极推进改革的一个基本方法。但是，以往的经验教训已经表明，用“双轨体制”的办法能否尽快而成功地实现向新体制的过渡，将取决于能否制止住“旧体制轨”的扩大，在于能否控制住“旧体制存量”的增加，使一切“增量”都纳入新体制。我国实行的“双轨价格制”之所以出现了一些问题，迟迟不能向市场价格并轨，问题不是出在“双轨制”本身，而是出在旧体制一轨本身的扩大——在很长一段时期内，计划流通和计划定价的产品部分并没有按照最初设想的那样在数量上被固定住，而是也随着生产的扩大逐步扩大，结果，“增量”没能完全被纳入“市场轨”，相反，有很大一部分，有时甚至是大部分反倒出于种种“公的”或“私的”原因而被纳入了旧体制的“计划轨”，甚至出现了向计划轨“并轨”的情况。在整个经济通过“体制双轨”向市场经济过渡的过程中，以往的经验教训值得我们深刻汲取。积极的和有效的“双轨制”的真谛，就在于控制住旧体制的扩大而积极发展新体制，在于“存量改不动时先改增量”，而不能在存量没改动时增量又成了旧的。我们只有从体制的每一方面、每一环节上停止复制旧体制，积极发展新体制，既增加整个经济中新体制的比重，也为改革现存的旧体制成分创造必要的条件，才能加快市场经济的形成，真正走出一条具有中国特色的稳健改革的成功之路。

1993 年

从博弈论获诺奖看体制改革的“下棋”智慧

今年（1994 年）的诺贝尔经济学奖，授予了对现代博弈论及其在经济学中的应用做出了杰出贡献的三位数理经济学家。在这三人中，应数纳什名气最大，正是他在 1950—1954 年的一系列重要论文，奠定了现代博弈论的学科体系。“纳什均衡”这个概念恐怕是现代博弈论中的一个最重要的基本概念，博弈论课程从第一节开始就要讲解这个概念，然后就是不断地、反复地应用，变化无穷，又万变不离其宗。从“纳什均衡”的基本含义中又发展起了“完美纳什均衡”“适当纳什均衡”“稳定纳什均衡”“颤抖纳什均衡”“序列纳什均衡”，等等。如今纳什获奖，实属当之无愧。

博弈论（Game Theory），中文又有人译作“对策论”“游戏论”，本身是一种数学理论。但说一句有些夸张的话，这种数学理论，其实是在所有数学理论中最适合于被应用在社会科学特别是经济学中的理论，因为经济学和其他社会科学说到底，一不是研究物质世界的科学，二不是仅仅研究某个人与给定的物质世界之间关系的科学，而是研究人与人之间相互影响、相互冲突、相互欺骗、相互敌对、相互竞争、相互合作、相互交易等的科学。这一系列的“相互”加到一起，才构成我们通常所说的“经济关系”、“生产关系”或“社会关系”。

所谓“博弈”，俗称就是“下棋”。你走一步，我走一步，你想办法（策略、对策、战术）杀死我，我想办法杀死你，或者“和棋”，这与经济关系、社会关系本质上是一样的。在一个经济中，每个人、每个集团、每个阶层，都有自己的特殊利益，都想通过自己的某种行动，谋求自身利益的最大化，但问题是，在整个经济生活中，在一定时点上，资源就是这么多，市场就是那么大，收入就是这么些，你多得一点，他人就可能要少得一点，由此构成人们相互之间的利益冲突。博弈论应用较广的一个领域即对“寡头垄断”的分析，所研究的就是几个大厂家如何采取策略以求击败对方、自己多占领一点市场份额的问题。

与下棋有所不同的只在于，在社会中，人们还可以通过相互合作取得共同利益的增进（在博弈论中，这称为“正和博弈”）。但即使人们相互之间的确存在一些共同利益，合作可以带来好处，也仍然有一个在合作过程中如何做到公平分配利益，如何不相互欺骗、占对方便宜、损害对方利益的问题。这同样是一个“斗心眼”的问题，一个“对策”问题。水来土掩、火来水挡，魔高一尺、道高一丈，都是说人们在相互作用，你能采取行动“骗”我，我也会采取行动“骗”你；你“骗”我时我会防你，我想“骗”你时也要想到你会采取对策防我。我这里好用一个“骗”字，并非危言耸听。假冒伪劣、偷奸耍滑、不守合同、欠债不还、不讲信用、贪污腐败，所有这些我们日常经常见到的、妨碍人与人之间相互信赖、相互合作，从而妨碍效率提高、经济发展的事情，其实都可以用一个“骗”字来概括。用理论术语说，就是在他人信息不完全的情况下，利用一切现行体制下可能的机会，以不惜损害他人或公众利益的办法为自己获取最大的利益（这就是经济学中所谓“机会主义”的含义）。

如果说现实生活中许多现象可以用“攻”和“骗”字来概括的话，博弈论的精要之处就在于“防”，也就是要针对他人、对方可能采取的战略，来制定自己的战略。所谓纳什均衡，指的就是这样一种人与人相互关系所处的状态。在这种状态下，给定其他人所采取的战略，一个人只能采取某种战略才能获得利益最大化，任何战略改变都不能使他的收益进一步提高。其核心思想就是要针对别人的行为方式，可能采取的行动，来做出自己的决策。这就是在经济活动中人们必须研究、打探、分析别人行为方式特征的原因，也是信息的重要性所在。经济学作为研究人类行为方式的科学，其基本的意义也正在于此。信息总是不完全的，正因如此，我们需要在尽可能地了解他人行为方式的基础上进行预期、预测，根据某种行为发生的概率来制定我们自己的对策，所谓“贝叶斯博弈”中的纳什均衡，指的就是在这种依据概率与预期下所形成的相对关系。

在一个社会中，多数人不是打一次交道，或者可以打一次交道之后就跑得无影无踪；许多情况下“行骗”之后还能被找到，这就是博弈论研究的“多次”或“重复博弈”的实质所在。人们反复多次打交道，各自的行为特征越来越表现得清楚，对方的防御措施也越来越完善，所谓“制度”其实就是这样在多次博弈中逐步建立起来的。“制度”的概念，指的是由社会强制地加以执行的正式的社会行为规则与同样地规范着人们行为的习惯、道德、文化传统等非正式规则的总和。但从博弈论的角度看，我们可以就把制度简单地定义为一套在多次博弈之后逐步形成的、使人们在相互打交道时可以较为确定地知道别人行为方式的社会契约。因为，如果制度真的是有效的而不只是写在纸上而没有人去执行的话（这种情况下我们就可以说，有关的制度并没有真的存在），任何人的行为若违反了这种制度而占了什么便宜的话，便会受到惩罚。多次博弈的思想放到现实生活中来，我们就可以理解为什么一个法制的市场经济制度需要很长的时间、反复的实践才可能逐步形成、逐步完善起来。人非圣贤，不能预见一切可能发生的事情，不受骗不会知道如何设防，没有人受害不会发现问题，所以制度只能在多次实际的博弈中逐步完善起来。

博弈论是我们现实生活的概括和归纳，而又反过来有利于我们更好地认识现实生活。马克思主义理论本来是承认现实的，从而一直把利益冲突（阶级斗争只是其特殊形式）放在理论的核心。而我们现在有些“不顾现实”的理论却把人们各自为自己的利益而奋斗这样的事实、把天下存在着利益冲突这样的事实，当作一种怪事来看待。比如有人批判“上有政策、下有对策”，说这是一种“错误”。其实政策本身就是“上面”对“下面”的一种对策，而“下面”有“对策”来对付“上面的政策”，也是一种必然的现象，社会本来就是每天在进行着“上面”与“下面”、“左面”与“右面”、“南面”与“北面”的游戏。哪一方的对策损害了另一方的利益，比如地方的对策损害了全民的利益，或中央的政策与地方利益冲突，正说明在我们的制度上、体制上存在着种种问题，需要通过体制改革来对人们的行为方式进行调整，以使各种利益得以更好的兼容，而丝毫不说明人们在现行体制下采取某种对策有什么错误。不用这种博弈论的观点来看待我们生活中的许多现象，总在那里教导人们“应该如何如何”去做才“正确”，而不去努力地改革制度从而改变人们追求自身利益的行为方式，我们就会总处于混乱与不稳定的状态之中。我们的政策制定者本身也该更好地用博弈论的观点来看问题，你有政策，别人就是会有对策，你要想使你的政策有效，就须充分考虑到别人可能采取的各种对策，以使你的政策本身符合纳什均衡的要求。这样才能达到预期的效果，而不是政策一出台就被别人的对策所瓦解，而自己却蠢乎乎地惊呼：“你怎么会有对策？”

博弈论不仅是在教我们如何与别人“斗智”，也是在启发我们冷静地看待冲突，心平气和地审视纷争。下棋时谁都想将死对方，你就不能说对方是错误的、是坏人。他下了错棋，不能达到他的利益目标，你可以说他臭、说他蠢，但你不能说他为自己的利益而努力这件事是错的（用你的利益作标准来衡量是“错的”，用他自己的利益作标准来衡量则可能恰恰“正确”）。有了这样一种对竞争对手的将心比心的理解，你就可能在看到别人试图维护自己既得利益、拒不让你来占上风的行动，甚至对一些看上去“逆历史潮流而动”的行为，不再那么你死我活地义愤填膺。你该做的只是想出更好的办法与他博弈，而不是付诸“道义”，幻想他能“自行退出历史舞台”。所谓“政治家风度”，前提正是承认博弈对方为自己利益而奋斗的平等权利。有了这样一种共识，我们的许多问题会得到更顺利的解决。

“大奖”本身是一种广告。诺贝尔奖的评奖方式更是一种“理论广告”，而不仅是一种“人的广告”。今年的诺贝尔经济学奖的一个重要效果可能就是使更多的人了解到博弈论的内容和它的应用价值。一个人人都听说过的大奖的广告效应，要比我们这些书生写多少篇一般人不看的论文的广告效应要大得多。

1994 年 12 月 6 日

比西方更自由的中国市场?

1995 年 1 月底，我应邀去瑞士达沃斯参加世界经济论坛年会。

许多年来瑞士都是世界上人均收入最高的国家之一，经济发达，社会稳定，人民安居乐业，有一套较完善的市场运行与社会管理的法规制度，加上多年没有经历过战乱，文化古迹和自然环境都得到了精心的保护，的确能让人感受到“物质文明与精神文明”的高度发展。世界经济论坛每年召开年会的地方达沃斯，虽是世界著名的滑雪胜地，毕竟只是阿尔卑斯山间的一个小镇，比起繁华的大城市，人均收入总还是要低一些，但尽管如此，仍让人处处感觉到他们殷实的经济实力和良好的社会秩序，使人相信人类作为一个群体，最终还是能够和睦相处，共同创造出一种大家都能分享的“体面的生活”。

经在北京的一位瑞士朋友介绍，我认识了达沃斯当地的一位年轻的旅店业老板。他曾在香港学习酒店经营两三年，对中国多少有一些概念。星期天中午他请我到附近村庄的一家古色古香的小餐馆吃饭，我趁机向他了解当地的经济与社会情况。他说他们的经济目前有两个主要的问题：第一是经济衰退还没有完全结束，收入增长不快；第二是规章法律太多，各方面的限制很大，没有充分发展的自由。比如说你想盖一栋房子，房子能盖多高、用什么材料、内部装有什么设施、外部是什么样子等，都有明确详细的规章制度，你自己不能随便决定；即使你没有违法，但若引起了你的邻居们的不满，反对你在这个地方盖这么一个式样的房子，他们就会向当地政府提出申诉，最终有权阻止你的计划，于是你盖房子的计划就可能告吹。再比如你的每一笔收入都受到政府的严格监督，税收很高，由政府用于各种社会福利和公共工程项目，自己可支配的部分十分有限。

我故意问他：政府管这么多，你是否认为你们的经济还是市场经济？他说：市场经济当然还是市场经济，我们这里几乎一切财产都是私人财产，你有处置你财产的自由权利，但你当然也得为你的财产负责任，既包括想方设法不亏损、按时还债的责任，也包括要向社会负责，就是服从各项法律与制度的规定；总之，我们还是市场经济，你可以买卖你所拥有的东西，但同时社会也有许多的规则在限制你的行动、限制你的收入，可以说我们是一种“不自由的市场经济”，不像你们国家，现在人们有很大的自由干自己想干的事情、自由支配自己的收入，可以到处摆摊卖东西，可以四处停放汽车。

应该说，我这是第一次听到一个西方人说中国人比他们享有更多的自由。但我想这其实是真的。在经济领域里，尽管我们许多人都在抱怨政府管得太多、自己没有自由，但实际上——不是在纸面上、原则上，而是在实际生活中——经过 15 年的“放权让利”的改革，在我们的经济生活中许多人比起生活在西方社会的人，的确享有更多的经济自由。比如也以盖房子为例，我们的每个城市也都有关于城市规划的规章制度，但至少你的邻居不会干涉你的建房计划，严格地说是无法干涉你的计划，不能因为他不喜欢就对你进行起诉，我们迄今为止还没有这样的处理“外部性”的制度。再比如税收，我们有了很具体的税收法规，但偷税漏税的程度之大也是有目共睹的。在许多领域里，有了纸面上的规章制度，不一定就真的有了制度，因为执行法律制度这件事也是有成本的，只是纸面上有了这些制度，现实中没有人为其贯彻实行而付费，或者社会事实上还付不起那么多的费用，那规章制度也就不过仍是一纸空文罢了。

应该承认，我们的经济正处于体制转轨的过渡时期，许多适合于旧体制的规章制度即使没有正式作废，也已经在实际中失去了效力；而新的规章制度还没有建立起来，或者名义上建立了但实际上还没有发挥作用，从而形成了某种“制度真空”“规则真空”。我想这是我们现在比别人都“自由”的基本原因。前面所说的“盖房子”的事只是一个例子而已，街上乱摆摊、乱停车也还都是小事一桩，其他例子比比皆是。乱集资、乱收费、乱开发、乱用地等已经导致了宏观经济的失调，可以说是一些较“严重”的例子。我们还有几乎是全世界最自由（可能不如俄罗斯）的国有企业（在市场经济中，国有企业其实是最少有财务自主权的），由于缺乏明确的产权从而缺乏必要的约束，导致一些人可以拿着国家的资产来为个人或一个小集体谋私利，盈了是自己的，亏了挂在国家的账上。又比如，也是由于产权不清、责任不明，我们有着世界上最自由的“借贷者”，借了钱可以不还，不还钱可以不受惩罚，无法把他判刑投入监狱；一方面是因为还缺乏有关的法律，另一方面是因为许多人借钱是以“国有”企业的名义，并不是为自己，你又怎能把“国家”关进监狱里去？

其实，我们也并不特殊，世界上所有的“市场经济”不过都是这么发展过来的，现代市场经济国家现在拥有的那些规章制度其实也都是一步一步建立起来、完善起来的，而不是先天就有秩序、有约束。典型的例子是美国早年那个“无法无天的西部”。现在人们看到的美国的那些烦琐得无以复加的法律和司法程序，其实正是从那“无法无天的自由”当中经历了几百年的时间逐步发展起来的。像瑞士这样的欧洲国家与美国那样的新大陆有所不同，因为有传统的延续（传统也是一种制度，即所谓“非正式制度”），但是仔细看一看它的历史，在这些国家市场经济制度建立与发展的几百年时间里，曾经出现了多少“诈骗案”“侵权案”“行贿受贿案”“幕后交易案”，多少种假冒伪劣，多少次“宏观波动”，多少次“泡沫经济”，多少次社会冲突，然后又是多少次“议会辩论”，多少个“修正法案”，才逐步形成了现在的这些法律、规章与程序！

懂得这么点历史，可以使我们知道：

第一，从发展的角度看，“市场经济”在一开始的时候会显得“十分自由”，但越发展完善，规章制度越多，也就越不“自由”（当然，我们这里要给予“自由”以正确的定义）；市场经济发展的过程，其实也就是在“混乱的自由”和无法无天的社会中逐步“加上”各种社会约束、各种规章制度的过程。

第二，无论是中国人还是外国人，拿着现在一些发达国家的市场经济体制的状况与目前中国经济体制的状况直接相比，都是错误的、无知的、无益的。可以类比的，是我们现在的总体经济状态（不能只比个别方面）与一些发达国家比如说100年前或200年前的状态相比。缺乏“历史感”，是许多外国人和许多我们的同胞经常会犯的一个方法论上的错误。我们只用了很短的时间，就发展到了今天的程度，走过了西方一些国家几十年、上百年时间中走过的道路（当然，这在很大程度上是借鉴了别人发展过程中的一些经验教训，也借鉴了别人现在的一些做法，从而少走了弯路），已经是一个了不起的成就。

时至今日，恐怕已经没有什么人说“市场经济”，特别是“现代市场经济”，是什么自由自在的、没有法律的经济，是那种所谓个人或个别企业想怎么干就怎么干的经济；只有在市场经济发展的“初级阶段”，才会存在较多的“无法无天”的现象。不过问题在于，正是在市场经济发展的“初级阶段”上，往往会有一些缺乏历史感的人因为看到经济中一些无序的、混乱的、不讲信用、缺乏法制的现象，就去批判市场经济本身，并制造出一些“假想敌”，说赞成搞市场经济就是赞成“无法无天”，不要法律、不要政府、不要秩序。我们的市场经济体制现在当然还很不成熟，还存在很多的问题，但针对这些问题最糟糕的做法是停止前进甚至倒退回去，回到旧的规则和秩序中去，那绝不是出路；正确的做法是继续将市场化改革深入推进下去，逐步形成新的规则和新的秩序，逐步“加上”新的约束，既包括产权的约束，也包括法律的约束，从而走向那种“不自由的市场”，或者毋宁说是成熟的、规范的市场。

1995 年 3 月 7 日

从加拿大不说实话的华人说开去……

华人移民西方，由来已久，一代又一代，在全世界找最好的地方、最有钱赚的地方。原来因为穷，总是找打工机会最多的大都市，生活环境之类的事是第二位的。但现在不同了，华人富有了，移民的“热点”也发生了变化，对许多人来说，首选标准不再是打工机会，而是生活环境。于是加拿大后来居上，超过美国等地成为有了钱的中国人移民的新热点。那里经济发达，同时社会又安定，环境又优美，再加上地域宽阔、地价便宜、交通方便，那里有些小城市或大城市（如温哥华）的一些城区，已经成了华人的天下，或者干脆就是由于华人移民的进入而发展建设起来的。

移民加拿大，还有一个重要的吸引力，就是那里优厚的社会福利，比如失业保险、养老保险等。很多人都可以出于种种原因到政府那里领取各种各样的丰厚的社会福利。而且在最初，加拿大政府“傻”得很，你到政府机构去，申述你的理由，也不用出示任何证明文件，没有任何法律程序，人家没有二话，全然相信。于是很多“狡猾的”中国人虚报信息，占了很大的便宜。

后来不行了。加拿大人发现了中国人的欺骗行为，开始加强法制，制定了一套严格得多的规章制度，任何人（包括加拿大的原有居民）都要经过一定严格的程序才能从政府手中领取社会福利。政治家们抱怨说，我们原来是靠公民道德来维系社会福利体系，相信每个公民都说实话，不必搞什么复杂的审查制度；现在有人不讲道德，我们只好制定规章制度来加以保证，以使这一体系不垮掉。

我想，这样一个审查制度从无到有的过程，十分清楚地体现了道德与制度的相互关系。

道德与制度都是人际关系（因而是个人与社会的关系）的一些社会行为规范；它们的意义就在于协调人与人之间的利益关系，使各为自己打算的人们在追求自己利益最大化的时候，不致侵害他人的正当利益。如果一项行为规范（比如说“讲实话”）能被社会全体公民所信奉和自觉遵守，无须社会强制地贯彻执行，或者，从个人的角度说，如果一个人违背了某一行为准则自己就会觉得“不舒服”，良心上过不去，有一种犯罪感（这其实就是所谓的“自觉”

的内涵)，那么这种行为规范就是无须制度加以保证的“道德”，这时，就可以说社会秩序可以仅由道德来维系。如果一种行为规范，社会上许多人都愿意遵守，但有一部分人不能自觉遵守，这时就必须：第一，通过某种正式的程序（立法过程）将这些行为规范明文写下来，以“社会契约”即法律或规章的形式公之于众；第二，建立某种合法地拥有强权的社会权威机构来强制地执行这些规则（司法与执法)，对违反这些规则的人进行惩罚——不能执行的制度只是一纸空文，不成其为制度。道德（广义地说是“意识形态”）也被称为“不成文的制度”或“非正式制度”，以法律与司法体系加以强制贯彻的社会规范也被称为“成文的制度”或“正式的制度”。

由此也就可以看到道德与制度之间的“经济差别”。正式的制度既然要立法、司法、组织一种社会机制、运用社会强权去贯彻执行，那么它就显然是有成本的，要耗费一定的人力、物力（广义地也属于交易成本的一种)；而道德如果能被人们自觉遵守、无须强制，就是无须成本的，无须社会“破费”，比较“省钱”。比如在加拿大社会福利制度中，如果人人都说实话、都不谎报信息骗取福利、侵害他人（公众）的利益，总之，如果人人具有自觉说真话这种美德，社会就无须：第一，费时劳神地制定有关申报福利的规章制度；第二，让人们费时劳神地填写报表、复制材料以至聘请律师；第三，也无须社会福利机构的办事人员（这时要配更多的办事人员）花费更多的时间去检查那些本来可以不被制造出来的文件；第四，在一些可疑的场合，还要派人进行调查，发现违法的人还要对其进行起诉等。总之，一部分人不遵守“讲实话”这个道德，将导致整个社会要支付更多的制度成本。

由此，我们立即可以得出以下三点推论：

第一，道德是值钱的，就是因为道德可以节省制度成本。道德的价格就是它的机会成本，也就是制度的成本。比如，在上述例子当中，“讲实话”这一美德的价格，就等于要设立检查制度所需花费的各种成本。

第二，道德说教是有益的，因为它可以节省成本，减少社会为处理人际关系、防止小人损害他人而花费的制度费用。道德说教本身也是有成本的（比如要利用宣传工具，要召集人们开会等），但从理论上说，只要这一成本小于制度建立与运营所需的费用，道德说教就是合算的。当然这里指的是真正有效的、确实改变了人们的道德观念，而不是那种荒唐的空洞说教。所以说，所谓思想工作做得好，有其经济价值。一个政府可以在加强思想政治工作与加强法制之间进行替代性选择，哪一个成本更低些，就采取哪一个，只是要考虑到，成本是相对于效果而言的，还是一个时效问题，如果道德观念太难改变、旷日持久，还是赶快加强法制的好，成本一定相对低些。

第三，少数人的缺德行为可以引起很大的社会成本。原则上说，在千万个公民中，只要有一个不讲实话，就会“搅臭一锅汤”，使社会支付很大的成本来制定与执行更为严格的制度。说到底，制度就是为不讲美德的人制定的，是全社会为了防止一部分人（可以只是极少数人）侵害别人利益而支付的代价。

无论如何，人们的道德水平是会变化的，这个事实在制度的演变中起到十分复杂的作用。在许多情况下，人们的道德水平会恶化，或者说会改变。在不同的时代，人们的道德观念会发生变化，或者会受外来文化的影响。比如在新加坡，原来人们尊老爱幼，子女赡养父母，作为一种社会普遍接受的道德标准，维系着家庭关系，并节省了社会对老年人的福利开支（包括养老福利、服务设施、住房等）。但是后来，年轻人变得越来越独立，也越来越“不孝顺”，一些人不再赡养父母，引起了很大的社会问题，于是新加坡议会只好通过了一条年轻人必须赡养父母、否则要受惩罚的法律，用这样一种成文的制度来替代正在变化中的道德。加拿大社会福利的例子中，外来移民的出现引起了制度的变化，也可视为道德观念的变化，或者说，是另一种道德观在社会中起作用，导致整个制度的变化。

道德也会变好（其实本来无法对道德作好坏评价，因为不同的道德本身是评判的标准，你认为是“不好的道德”，可能对他人来说是“好的道德”，当我们说好或坏时，已经加入了我们自己特殊的价值判断）。前面我们说通过道德说教可以提高人们的道德水平，但是道德与制度的关系的复杂性在于，道德水平的提高，往往有赖于以该种道德为基础的制度的贯彻。制度的设立是以某种道德标准为“精神基础”的，比如审查制度就是以“说实话好”这样一种道德规范为基础的；而制度的目的，就是要强制地贯彻某种道德规范，对不按此规范行事的人进行至少是事后的惩罚，并以这种惩罚为震慑，使人们能够遵守。而正是这种能够严格执行的制度，有可能使作为这种制度精神基础的道德准则得以加强。制度所意味着的那种潜在震慑，构成人们对不遵守制度所能带来的成本的预期（包括正式的惩罚和社会对罪犯的非正式惩罚比如说“歧视”），使人们出于自己利益的考虑，认为遵守规则对自己是有利的，从而逐渐使人们形成一种习惯，不再需要制度的强制。

道德的成长，在很多情况下其实还不主要是由于制度的强制与震慑，而在于人们在实践中逐步形成的需要。比如，说实话在很长时间内可能并不是大家共同自觉遵守的道德准则，人们总是具有机会主义倾向，试图利用他人对真实情况不大了解的机会进行欺骗以谋取自己的最大利益，于是人们就骗来骗去，假冒伪劣，没有人讲信用，等等。但是久而久之，大家都变得越来越聪明，越来越会采取各种办法防骗，结果，一方面行骗越来越难，骗子的成本越来越大；另一方面，你骗他人他人也会来骗你，有得有失，并不划算，因此，这时即使没有防骗的正式制度（一切制度从一定意义上说都是为了防骗），人们也会逐步地培养起一种道德。比如说在一些市场经济较发达的国家中，“讲信用”这一“商业道德”的发展，与人们实践经验与教训的逐步积累是有一定关系的。

加拿大人过去不需要一种审查制度，是因为人们“觉悟较高”，而这种较高的觉悟我想不是天生的，而可能是由多种因素造成的：第一，可能部分地归功于道德说教（教会、政治家、家长等都日常地做着这种工作）；第二，可能归功于早年的一些制度，或者是相关的制度，使得人们在强制执行的规范下逐步形成了讲实话的习惯；第三，长期的社会实践和知识、信息的扩展，使人们越来越聪明，也越来越认识到在一个长期的、多次博弈的过程中还是讲实话成本较低、收益较高，不再骗来骗去。

总之，我们看到的那种无须制度的“美德状态”，是长期社会经济和文化发展的结果，是在特定历史条件下形成的一种文化；当来自另一种文化的人作为移民进入这种文化环境时，道德规范的差异引起了制度的“引入”或“重新引入”，也就不足为奇了。

加拿大是遥远的西方。我们应该如何面对我们的道德状况？在一个经济、社会体制发生重大变化的时期，在人际关系发生重大转变的时期，新道德的传播与严格的制度保障，我想都是最终使美德得以培养起来所不可缺少的。宣传新道德是伦理学家、政治家的事情，而如果建立有效的制度以减少交易成本并最终有利于人们行为习惯的改变，则需要经济学家的参与。

1996 年

第四章

人口流动的经济学视角

人口迁移：实现东西部人均收入的平衡之路

中国经济面临的一个重要问题是地区性差异逐步扩大，主要是随着沿海地区的发展速度加快而导致“东西部差距”日益扩大。这不仅影响到不同地区间居民收入水平的扩大，而且在一定程度上已经成为进一步深化改革的障碍。比如说资本市场的改变，如果我们现在改革投资体制和金融体制，允许资本在区域之间的自由流动，就会发生内陆地区资本大规模向沿海地区流动的情况，进一步拉大地区间的差异，就像前两年曾经发生过的那种情况一样。对这种差异扩大的惧怕，自然构成延缓投资体制改革、金融体制改革和资本市场建立的一个重要因素。

正因如此，地区差异问题日益引起各界的关注，也为解决这一矛盾提出了各种各样的“思路”“战略”或政策。但是，不少有关发展地区经济、缩小地区差异的政策建议，仍然没有脱离“老思路”的范围，还是简单地强调加大对落后地区的“投入”和各方面的“帮助”，使它们的经济发展水平“赶上”先进地区，以达到共同富裕的目的。根据这种思路，现在要做的事情就是如何“改变发展战略的重点”，调整“区域发展政策”，其核心无非就是加大在内地的投资规模，多在内地搞一些建设项目，把发展重点转移到内地去等。

这种单纯强调增加投入的方案的最大缺陷，在于没有充分注意到地区间比较优势和资源合理配置的经济规律，忽视了人是一种可以流动的生产要素。

人类迄今为止已经能够做许多事情，但有一种事情还不能做，就是改变一个地区的自然条件、地理特征、区域环境等。而就经济发展来说，有些地区就是要比其他地区有更丰富的自然资源、更便利的交通条件、更优越的地理位置。这些地区生产同样的东西，并将其提供到市场上去，成本更低，收益更高，总之，更加经济。而在条件不那么好的地方发展经济，毕竟成本较高，获益较小，甚至许多努力不可能达到预期的效果。中国历史上违背经济规律配置资源的例子太多了，最后也都以失败而告终。不顾经济规律，把有限的宝贵的资金投入到产出率较低的地方去，整个经济的发展速度会降低，长远地看也不利于落后地区人民的利益。

但是，人不能改变地理条件，却能够改变自己的地理位置——人是可以迁移的。如果人们能够打破某些传统的障碍、思想的障碍、行政的障碍、社会的障碍以及信息的障碍，会自然地向收入高的地区流动，向条件好的地区流动。即使考虑到真正意义上的迁移成本，人们最终会在迁移后收入的增长大于迁移成本的条件下，选择向收入较高的地区迁移。

这就提供了一种可能：不是在条件并不具备的情况下人为地加速落后地区的发展，而是创造条件鼓励要素（资本与劳动）的合理流动，特别是人口的合理流动，自由选择向收入较高的地区流动。不仅允许和鼓励劳动力人口的自由流动，也允许和鼓励资本的自由流动；既允许向已经较发达的地区流动，也允许向较落后地区效益好的投资项目流动。这样，从长期看，各地区最终会达到一种平等，即人均收入的均等（这其实是一切地区间平衡的最终目标）。

条件较好、较发达的地区，在这种流动过程中人口密度会提高，市场竞争加剧，较高的产值被较多的人分享；而人均收入相对落后的地区，条件确实较差的地区，人口密度会进一步下降，最终使得较低的国民收入（产值）由较少的人分享，人均收入水平因此而相对提高。在人员流动的同时，由于充分利用了条件较好地区的优势、资源，包括劳动力和资本，被更多地配置到条件较好的地区，整个经济的增长速度会加快，较先进地区的收入也会增长，但落后地区的人均收入水平会增长得更快。也就是说，缩小人均收入的差距，不仅要靠提高落后地区的发展水平来改变其分子，而且要靠人口要素的流动，改变各地区人均收入的分母。

世界上一些大国内部各地区之间差距的缩小，无不是伴随着人员的流动，人口的迁移，繁荣的地区人口增加，落后的地区人口减少，资源合理配置，收入也相对平等，差距不会过大。美国的中西部地区，经济从来不像东西海岸那样发达，但这从来没有成为一个特别严重的、威胁到社会安定的问题，就是因为人口的流动导致最终的人均收入（广义地说还包括诸如环境、城市拥挤程度、空气清新程度之类的非货币收入）达到了基本的均等。

我国今天地区间差异之所以成为日益严重的问题，一个重要的原因就是在历史上形成的行政区划、户籍制度、人口政策、落后的交通、信息条件以及传统的乡土观念，阻碍了人口这一最活跃的生产要素在地区之间的合理流动。市场化改革以来，随着经济的发展和国内大市场的形成，我国目前人口流动的趋势正在形成。总的来说，这是一种自然的、健康的、由市场引导的、非常积极的趋势，是中国现代经济史上的一个重大变迁。落后地区的人出来到沿海地区找工作，加上资本逐步更多地向地价较便宜、劳动力较便宜的内陆地区投入，再加上中央政府适当地增加对一些有经济发展潜力地区基础设施的投入（政府只应当投资于道路、城市公用设施等其基础设施，而不应搞经营性生产项目），我们的地区间的收入差异才会逐步消除。这是在我们中国条件下唯一符合市场经济规律、符合经济效率原则的消除地区间收入差异的途径。

缩小地区间差异这件事是不能仅靠市场力量的，特别在市场经济发展的初期，市场的力量还没有强大到足以实现资源充分的合理配置，还需要政府（中央政府）出面加以组织与规划。政府要做的事情当然包括一定程度上以投资或补贴形式进行的收入转移支付，但更主要的还是要通过改革制度、修订规则、完善信息等，克服种种障碍，为资源合理地流动，为形成一个更完全的市场，创造“软件”方面的条件，鼓励人口更积极地流动起来，并通过规则与法治使这种流动尽可能逐步地有序（不可能一开始就什么都有序）。

有的人担心大量人口流入城市会造成严重的社会问题。有些问题是难以避免的。但是，只要我们不过早地改变农村土地制度，而是让农户继续有一块相对固定的口粮田作为最低收入的社会保障，使农民在城市找不到工作或失去工作时还有一个老家可回，有一个最后的生存手段，农村就会继续起到一种“过剩劳力蓄水池”的作用，城市中工作机会相对变少时，离乡进城的人就会减少；而不会造成城市的过度拥挤，不会导致大规模的城市贫民，就像拉丁美洲、亚洲的一些发展中国家的大都市曾经发生过的那种情况一样。同时，要对小城市的发展给予足够的重视，因为一旦大城市变得过于拥挤，交通、住房等问题变得严重，小城镇就会变得较有吸引力，就会促进小城镇发展成为小城市、中等城市。沿海地区这几年的工业发展并不是仅仅发生在几个大城市里，而是同时发生在现在被称为“乡村”的广大地区，在整个沿海地区四处开花。中国这样一个人口大国，人口密度如此之高，东南沿海地区形成世界上人口最密集的“城市群”，不会使人感到惊奇。沿海发达地区对此也要早有准备。

政府现在要着手做的，并不是立即取消现行户籍制度、改变农村土地制度等以促进人口的流动。户籍制度的不合理已是一个历史遗留下来的事实，也只能逐步地改变。现在政府应该抓紧做的是将人口流动这个现实尽快地纳入经济发展的总体规划，体现在经济发展条件较好地区的城市发展、住房建设、交通规划和治安体系发展的计划当中，并且使我们的户籍制度、城市就业制度、教育制度、医疗卫生、社会保险、住房制度、治安制度等更快地适应新的变化。对许多发达地区和城镇社区来说，外地人会越来越多，这是不可阻挡的市场洪流；民工不再是短期的“盲流”，而将构成现代城市人口的一个长期的组成部分。他们不是“社会负担”，他们的到来意味着发展与繁荣；早一点为他们的到来做准备，早一点适应新的情况，改变旧的发展模式，才能更主动一些，而不是到问题成了堆再去解决。

各方面都应该认识到，第一，在目前条件下，发达地区的城市居民和城市政府拿出更多的资金（税收）发展城市设施、加强社会治安，以接纳、吸收更多的外地人口，这本身就是对缩小地区之间的差别、缩小城乡差别的一种贡献，并不是只有每个发达地区都要向落后地区投资才是为缩小差别作贡献。第二，发达地区想要靠限制人口流入的办法来人为地维持本地区较高的收入水平和宽松合适的生活环境，在人口流动问题上搞“地区封锁”，不仅有碍于全国大市场的形成，对自己的发展也不利，而且由此造成地区差距扩大，社会矛盾加剧，早晚也会危及自身的稳定。

1995 年 4 月 15 日

再论“人口迁移”

《经济学消息报》1995 年 6 月 24 日刊登了傅吉奎和孙可庸的两篇关于缩小地区经济差距的文章，与我的观点进行商榷。遗憾的是，两篇文章中的论点对我来说并不具有很大的说服力。

一、经济时代与区域条件

傅文中指出了西部的许多有利条件，比如农业条件好，林业条件好，矿产资源丰富，具有发展重工业的条件，等等。这些都是不错的，我们的确应该继续开发利用这些资源，这也是中央政府应该适当增加对西部一些资源富足地区基础设施建设投资的重要原因。但是：

第一，世界上有许多地方都有资源，但先开发哪个后开发哪个是由开发的经济成本决定的，人们用哪里的资源不用哪里的资源是由经济价格决定的（请注意不是政府定价）。原则上说，如果现在青藏高原上的铁矿开采成本加上运输成本高于澳大利亚铁矿的到岸价格的话，经济上的合理选择是使用后者而不是使用前者（当然还要有国际政治上的考虑，但那也是有限度的）。只有当其他地方的资源越用越少因而也变得越来越贵之后，前者的开发与利用才成为经济上合理的。这是举例说明，但这种思维方式具有一般意义，因为它符合经济的法则。这还不仅是所谓市场法则，它是我们人类的自然规律。

其二，农业资源当然需要加紧利用。中国的农产品就其生产成本而言已变得越来越贵，因此许多过去未开发的农业资源将变得越来越有利可图，可以预见西部农业在今后必然会有较大的发展。但是，尽管如此，我们仍要思考一个问题：农业的发展能提供多少就业，如果人口分布不变，那又能提高多少人均收入？

人口迁移论的背后其实是经济结构变化论。中国过去的人口分布，是适应于传统的农业经济格局的。只要有一块地长庄稼，便可养活一批人（我们的人口大省四川是历史上农业人口集中的典型区域）。但是，现代经济的发展，经济的现代化，20 世纪以来国民收入的增加，已不再主要地依靠农业的发展，从根本上说是因为人类物质生活水平的提高，已主要不再依靠农产品的增加。农产品消费数量与质量当然也会随着收入的增加而增加，但收入的增加已不再主要靠农业的发展，而更多地靠各种现代“新玩意”、新产业的增加。这种经济发展结构的转变，必将带来人口布局的变化，导致人口向更适合于生产现代“新玩意”的地方转移。换一个角度说，由于现代工业的发展从地理格局上说已经与农地的分布相脱离，转而更主要地依赖那些离市场（包括国际市场）更近、交通（特别是海运、河运这种较便宜的交通）更方便的区域，过去“农地导向”

的人口分布必然要发生变化。这是客观趋势，我们奈何不得。回顾一下现代世界经济发展的历史，哪个国家没有在经济发展的过程中伴随着发生这种人口格局的变化，而且不仅是一个国家之内在变化，国际之间也在发生变化。

傅文中还提到了“三线工程项目”，也列为西部的有利条件之一。我很奇怪为什么会提这样的论据。“三线”建设就总体说是我们人为配置资源、不计经济成本（那时有那时的政治成本要考虑，另当别论）的典型事例。笔者自己一直是十分强调体制改革的决定性作用的，但三线企业活力差、发展不起来，却真的不主要是自身体制上的问题，而在更大程度上要归结为“自然的、外在的原因”——它们在地理位置上处在了成本较高的不利区位上。这里的一般性教训，也同样值得我们每一个关心西部发展的人认真汲取。

二、东部能吸纳多少人?

傅文对东部地区吸纳更多人口的能力提出了疑问，并指出我国本来东部人口的密度就较高，本身又存在大量潜在失业，等等，因此已不能吸纳更多的人口。但是，这里的第一个问题是：东部潜在失业人口多，西部不是更多吗？西部安置现有人口都成问题，东部至少现在人们活得还比较不错，人均收入比西部高许多，为什么不让西部人到东部来，让东部吸纳更多的人口呢？第二个问题是，东部不存在劳动力短缺吗？事实却是现在已有几千万中西部人在东部打工，民工潮还正在涌来，其原因正是东部的发展在提供越来越多的就业机会。

一个地方的人口密度究竟是密还是不密，按平方公里计算只是一种自然算法，按平方公里再加上“资本量”来计算才是经济算法。从经济学家的眼光来看，只要劳动力有工作、有收入，人们愿意在此生活，一平方公里上人再多也不算多，反之，没有工作、没有收入，不能与资本（生产资料）相结合，一平方公里上人再少也是“太多了”。在世界上一些大国里（比如美国）各地区的经济发展水平、经济规模、收入总量有着很大的差别，但却没有什么人在谈论地区差距问题，原因就在于人口分布导致人均收入基本是平等的，某些经济收入总量少的区域人口稀少得比我们的西部还要少，而一些经济发达的区域（比如美国东部海岸的一些地区）比我们东部人口密度还要高。亚洲国家与地区也是这样。香港地区在很小的区间内人口密度可谓世界之最，但不构成经济问题（他们还在进口劳动力），原因就在于有资本、有收入、有工作。

如果客观经济规律决定着我们东南沿海地区（再加上中部沿江的一些地区）具有发展现代经济更有利的条件，那么那里的人口密度就应该更大、更密。它不这样，才是不公平的，因为它既然能吸纳更多的资本、产生更大的收入，为什么不应该吸纳更多的人口？“西部人”现在倒是应该好好分析一下“东部人”拒绝吸纳更多外来人口的种种理由。为什么东部人就应该既享受较高的收入、较好的工作，又享受不拥挤的城市、优越的环境、良好的治安？而“西部人”就只能“安享”贫穷？在笔者看来，就是应该有更多的西部人到东部去分享（难听一点的话叫“瓜分”）那里的人们现在所享有的高收入（从而把那里快速增长的人均收入“拉”下来）。东部楼房现在还太矮，还应该再多花些钱建得再高些，楼与楼之间的密度再小些，再少一些奢侈的“室内采光”；东部的道路占用面积还应再小些，再多花些钱搞些高架路和地铁；人多了治安不好就应该再多花些钱加强治安，等等。只要资本还在往东部流，只要地区收入差距还在拉大，只要人们还在愿意把更多的工厂企业设在那里，只要这样的投资（包括对道路、城市基础设施的投资等）效益仍比在其他地区建长长的道路效益还要高，就应该有更多的人去分享就业、分享收入，直至那种人均收入差距拉大的趋势停止下来并开始逆转，这才叫公平！根据经济学理论，根据世界各国发展的历史规律，我相信中国经济发展的一个必然趋势是：东南沿海的人口密度将会更高，东南沿海的许多地区将逐步发展成一个人口密集、产业密集、就业密集的城市带（想一想世界各地已经形成的种种城市带），而在这个过程中，必然发生的则是大规模的人口迁移和劳动力在产业之间的转移。我们现在就应作好今后几十年中国大规模人口迁移的思想准备，并为其作必要的物质准备。这不仅是经济效率的需要，也是社会公平的需要。我们最根本的国情是人口太多，人均资源占有率太小，地区之间自然、地理条件差别太大，所以我们不能指望条件较好的东部不更加拥挤（至少在可预见的未来当中是这样）。

三、“行政区划观”

“行政区划”是与人口相关的。一方人口，才有一方行政。再加上我们的户籍制度，我们多年形成的一个观念是一个人是属于一个地界、一个行政区域的。如果说乡土观念是历史上自然经济或农业经济的产物，行政区划观念则是加上了一层传统计划体制的色彩。于是才有了“你们”“我们”的区别，才有了“你们不玩了，我们就倒霉了”的说法（见孙可庸文）。市场经济越发展，全国的大市场越是成为一个有机的整体，越是需要我们改变传统观念，建立起以下的两个新观念：

第一，就个人来说，应该逐步形成“我是属于这个国家的”或“整个国家都是我的”这样的观念，而不是眼睛仅看到自己目前所在的区域。个人就业、居住的选择的空间，应该扩大到全国的范围之内。原则上说，只要我到另一地区工作的预期综合收入（所谓综合，意指还包括自然环境、人文环境、社会地位等；所谓预期，则包含着风险）减去迁移成本（迁移不仅要花搬家费，漂泊他乡对许多人来说还是一种痛苦），高于我在本地区的综合收入，我就应该选择“出走”。现在对许多人来说迁移收益较低而迁移成本较高，有很大一部分是体制上的原因造成的，比如户籍制度和土地制度，这还一时取消不了，因为在一定时间内还需要适当控制人口流量，但从长远看，这种“全国选择范围”的观念应逐步加强。“这一代人”迁移、“出走”的成本太大、收益不高，已经难以改变了，但“下一代人”走出去就可能是有利可图的（现在“出走”的其实也正是“下一代人”——我们不可能指望“这一代人”自愿迁移或带头迁移）。

第二，就政府来说，无论是中央政府还是地方政府的决策人，都应该逐步形成人均收入的观念。市场的发展，经济的发展，不可能消除由自然地理条件决定的经济发展水平之间的地区差异，而只能消除不同地区之间人均收入的差距。对于某些相对于现代经济发展要求条件较差的地区来说，鼓励人们“出走”，把较少的收入留给较少的人来分享，是好事，是积极的、健康的政策。这里有一个悖论，就是较发达地区若也追求人均收入增长率，它们就会设法阻止人口的进入（这种趋势正在形成）。这不说明别的，只说明人口迁移的背后也是利益冲突。面对这样的冲突，第一，需要中央政府发挥作用，做“利益协调人”，自觉地用不同的指标考核不同地区的政绩，也就是用一个地区的人均收入的指标，而不是发展水平的指标来鼓励人们换一个角度思考问题（学者也该在这方面起点作用）。第二，要相信市场经济的发展本身会要求生产要素更加顺利地流动。当发达地区经济的发展需要更多劳动力的时候，它们才会欢迎人口进入，不如此，那里劳动力成本就会提高，资本就会流到外地，最终还是会趋向人均收入的均等（我国一些较发达的地区目前已开始尝到了人为限制人口进入的苦头）。

一个很有意思的事实是，《经济学消息报》的编辑把两篇文章放在同一天、同一版上发表，一篇的作者单位在南京，属于“东部”，提出的论据是东部人口已经太多了，吸纳不了更多，“只有依靠国家和地方政府力量（我理解是‘西部地方政府’），增加投入，加快改革开放，开发地区经济来解决问题”；另一篇的作者单位在广西，属于“西部”，提出的论据是“向东部倾斜过了，该向我们倾斜了”。二者最终都得出了要缩小差距就只能由国家加大对西部投入的结论，但论据角度却不同，这颇有些地方色彩。地方利益也是需要有人代表的，也是学者的一部分职能，因此我对此不持反感，但我想我们大家总还有一些共同利益需要研究。

两位作者文章的结论有一个共同点，即要求国家对西部加大投入。在一定意义上，我对此原则上没有异议。但我之所以对“改变分子”这一做法不那么乐观并提出应在“改变分母”上多做点文章，是由于我对目前国家即中央政府那样做的能力与效果不那么乐观。由于十几年来体制变革和经济发展客观上形成的结果，我们目前正处在国家财政收入和中央财政收入比重相对下降的历史阶段，国家能拿出的钱越来越有限（中央政府财政紧张，也是件客观规律决定的事，而不是下决心扭转就能改变的事），这笔有限的投入放到哪里去才能更有效地加快现代化进程，用少量投入引来较大量的国际资本和先进技术，尽快使我国经济缩小与先进国家的差距？人为地设计、一厢情愿地加以安排，不是办法，这点我们自己的历史已经证明了。此外，需要注意到并认真加以思考的一个重要事实是：这几年国家投入到西部的资金中有很大一部分自己“孔雀东南飞”，东南沿海地区的高增长很大程度上靠的正是内陆地区转移投入过来的资金，这种态势下国家再追加一点投入能扭转局面吗？面对这样的事实，我们必须仔细研究一下客观条件和客观趋势，在此基础上才能找出可行的、有效解决问题的办法。

四、题外话

一篇文章只能论说一种论点。“很全面”的文章可能是正确的文章，但可能是没有人看的文章。我说了“鼓励资本进去，鼓励人口出来”的话，也还可以说得更多，“既应该这样，也应该那样（目前也应该适当加大一些投入）”，但问题的本质是：我们当前需要着重认识的问题是什么？应该着重纠正的思维偏差是什么？

《经济学消息报》组织了这方面的讨论，很有意义，我希望有更多的人对我进行批判，大家共同深化我们的认识。扭转东西部差距当然需要多方面的动作，任何一条单独的政策都不解决问题。同时，东西部的划分只是笼统的划分，还有许多具体的区域条件需要具体分析。有些西部地区具备充分的条件发展起资源密集型产业，国家对基础设施的一定投入能很大程度上改变当地的落后局面，当然需要中央政府有所举动，对这些地区来说恐怕是一个人口如何迁入的问题，而不是迁出的问题。还有，有许多基础设施，比如一些连接边远地区的公路、铁路主干道，无论如何早晚是要建的，为了加速缩小地区间差距，尽管目前回报率低些，也不妨提前投入。从大趋势来看，西部的人口正在越来越大规模地出来（出来的不仅是傅文中所说“高层次人口”，民工其实是目前人口移动的主流）。这是一个十分积极、目前看来仍十分健康的伟大变革；同时也有越来越多的外地收入汇入西部，这则是资本要素“内向”流动的一个重要组成部分。随着东南沿海地区土地成本、劳动力成本越来越高，随着内地改革开放程度的加大和这些年基础设施的改善，越来越多的国际资本和国内资本正在向内地投入，当然还不可能一下子深入到较远的地区，但这一要素流动的趋势正在形成。这些变化都不表明“彻底的市场经济”不会在收入平等上起好的作用或会造成更大的不公平，而恰恰表明了市场的力量（说到底是人类自然理性的力量）正在开始在新的机制下发挥出作用，使我们的经济走向更大的平等。我不期望平等会很快到来，但我预期在不久的将来“人均收入”不平等扩大的趋势会停止下来并发生逆转。

1995 年 8 月 8 日

人口流动与国际贸易战

最近在欧洲举行的一次国际会议上，一批来自各国（主要是发达国家）的经济学家、国际经济学家、国际关系学家讨论经济全球化问题。一位来自英国的已退休的但是十分资深的国际关系学女教授，半是认真半是“倚老卖老”开玩笑地指点着一些年轻的学者说：“你们这些研究国际关系的人，我看得赶快改行了，因为以后不再有‘国际关系’，因为不再有真正意义上的国家。今天世界上资本的流动性之高是历史上未有过的，今后就更是这样，资本、技术、资源以及工厂，在全世界流动，哪里成本低、利润高，就到哪里去生产。国家的功能就将只剩下做一个‘地主’，占有那一块‘领土’并借其收‘租’，接下去的任务不过是如何用收来的‘租’提供更好的服务，以吸收更多的投资，如此而已。”这一番话新颖、独到，颇有点“震撼性”。接下来许多人发言都加以附和，有的还进一步发挥，论证经济的全球化如何改变着世界，改变着国家，改变着资源的配置，改变着一切。

到我发言时，我说：“也许我这个发展中国家来的人可以为讨论提供点别的东西。”物品、资本、技术等生产要素都已经高度流动了，这是一个重大的变化。但迄今为止，有一样生产要素还是不能流动，那就是“人”——劳动力。这也许是最关键的一个要素，不一定在生产过程中有多关键，而是在理解世界上的许多问题上十分关键。发达国家的劳动力反正不会向发展中国家流动（因为工资低)，而发展中国家的劳动力则不允许向发达国家流动:“船民”要被轰回来,“非法移民”要被赶出去，入境时要先搞清楚“不准工作”、没有“移民倾向”等。因此，国家的概念远未终结。国界的含义就在于把人群隔开，把不同收入水平、不同生活质量的人分开，防止穷国的穷人流动到富国去分享富人的财富与收入。当今富国的国内政治与国际关系的中心问题是什么？说到底就是工作岗位的多少问题。他们一方面在鼓吹资本的流动、贸易的自由，另一方面则在叫嚷自由贸易与资本流动导致原来本国的工作职位在被发展中国家的穷人（所以劳动力成本低)“抢走”，而越是如此，就越是不能让发展中国家的穷人自由迁移，迁移到他们的国家里去与他们争夺有限的饭碗。美国最近在大张旗鼓地清查亚洲移民或非法移民在低工资工厂打工的事情；最近又有新政策，外国人连“社会保险号”都不得持有了；而美国与中国等发展中国家的贸易纠纷，就是由于这些国家的经济发展和就业的增加，正在威胁到美国工人的就业。所以说，国家对于富国来说是一个双重的概念，一方面，国家是资本所有者的“行会”，它鼓吹资本的流动和自由贸易千方百计去打开各国的市场，以允许它们自由进入到世界各地去争取最大的利润；另一方面，对他们来说，国家是劳动者的“工会”，又千方百计去阻止劳动力的自由流动，尽可能地封闭他们本国的劳动力市场（当然主要针对的是非熟练劳动力的市场，对有专业技术的人员，能为他们带来更多的财富，市场还是“准入的”，所以有所谓的“技术移民”一说，总之是把穷国的人才吸走)。而穷国的命运则比较悲惨，它们没有资本可以流动出去，而劳动力又不准许流动出去。只能靠出口较为便宜的劳动密集型产品换取外汇，而这又被发达国家说成是“倾销”。过去“冷战”时代的国际关系已经不复存在，但这不等于国际关系不复存在，只不过这是一种新型的国际关系，也可以说是今后一种“正常的”国际关系，那就是作为各国“工会”与“行会”代表的国家之间的关系。

学者还是较少利益偏见的，所以我的发言立刻得到了包括发达国家在内的各国学者的共鸣，原来那种赞扬经济全球化的热烈情绪从此也就多少冷下来一些，话题开始更多地集中到当今世界的各种利益冲突上去；连那位老教授后来都开始谈论穷国的“弱小工业”应该受到适当保护的问题。

国家是由人构成的，首先是一个人群的概念而不是一个地域的概念。国家最重要的因素是人，是人的利益、人的收入、人的福利。国家的富裕程度要由人均收入来衡量，而不是以“平均亩产”来衡量。这些经常被人忽视的基本道理，不仅可以使我们更好地理解与处理国际的问题，也可以使我们更好地理解和处理我们国内的问题。

比如我们的地区差异问题。我曾经写文章鼓吹要在要素流动过程中，特别是人口流动过程中，实现地区之间人均收入的均等。结果遭到了两方面的反对。落后地区的人认为这是鼓吹放弃发展他们的“故乡”“热土”；而较发达的地区的人说：不行，你们不能来，我们这里人已经够多的了，我们也有我们的问题，你们落后地区最好自己“就地”解决贫困问题，不要出来。这当然也像国际关系的问题一样，涉及的是利益关系，是不同地区之间不同利益集团的利益冲突。但我们毕竟是一国的人民，是一个利益共同体。如果一个国家各地区之间的人口不能相互自由流动，这个国家的地区之间的

“东西关系”问题就会变成国际上的“南北关系”问题，即穷国与富国的关系问题那样，变成一个死结，长期无法解决。相反，只要我们在制度上和政策上保证人口的自由流动，各地区的自然条件、地理位置、人文环境等差距再大，最终也会使人均收入趋向均等，实现真正意义上的社会平等。正是美国这个现在努力减少外来劳力的国家早年曾在宪法上做出过严格的规定，任何一个州若拒绝其他州的人口流入或拒绝在工作就业上一律平等，则被视为违法，要受到严厉的制裁。正因为如此，美国地域与我们几乎同样辽阔，各地区的地理条件、交通条件等差异也很大（洛基山脉及中西部广大地区比我们的西部还要贫瘠），但几乎很难听到有什么地区差异的抱怨。联邦政府的帮助和一些适当的特殊政策（比如允许内华达州搞一个赌城）当然起作用，但更重要的因素是人口的自由流动。收入较低地区（这也是一个经常变动的概念）的人口不断流向收入较高的地区，最终在市场均衡的过程中实现人均收入的均等。这才是一种“可持续的”解决问题的方案。

现在令人担心的一种趋势是较发达的地区，特别是一些城市，开始制定各种“反流动人口”的政策，阻碍外地人口的进入，甚至驱赶外地人口，在生活、就业、子女教育等等方面设置越来越多的障碍，而不是减少这些障碍。这是为了什么？当然是为了“本地人”的利益，为了使本地人就业能够受到保护，能够使城市的生活更加惬意。就发达地区本身而言，只顾自己的利益，并没有什么错；当地政府也是首先要获得当地人民的拥护。我这里并不想像有的人那样试图改变“当地人”为自己着想的逻辑。我想提出的问题是：同样是为自己着想，我们是否也应考虑以下一些问题：

第一，社会平等对于一个国家的全体人民来说也是一种公共物品，就是说，它对我们大家都有影响（消费的不排他性），一个收入差距越来越大、社会紧张程度越来越大的国家，对我们大家都没好处，弄不好甚至会因社会动乱而打断我们大家经济增长的进程。即使不发生社会动乱，各方面的政治压力也会迫使中央政府采取较为强制的措施，进行收入和财富的重新分配，缓解社会不平等扩大的趋势，这同样会影响到发达地区的进一步发展。

第二，我们还是发展中国家，即使是发达地区，也仍是这样，对于这样的经济，若不允许人口流动、劳动力流动，让大量落后地区的农业劳动力逐步转移到城市、到工业，而是过早地像先进国家防止穷国的劳动力流入那样对自己的劳动力市场进行保护，就会导致这些地区的劳动成本过早上升，产品失去竞争力，过早出现一些发达国家那种“经济空心化”现象。我国有一些较为发达的沿海地区，其“劳动综合成本”，包括工资、福利、住房、城市建设支出等加在一起，变得越来越贵（城市土地越来越贵也是这种成本上升的一个组成部分），导致那里的产品在国际市场甚至国内市场上正在开始失去竞争力，自己的失业（开工不足、工厂停工）情况也反倒越来越严重（因为经济增长速度下降、经济活力减弱）。应该说，这与封闭劳动力市场、排斥“廉价”外来民工的错误政策是分不开的。从这个意义上说，较发达地区应该从自己的利益出发，从自己经济能持续发展的需要出发，坚定不移地保持和提高劳动力市场的开放性。

我国是一个12亿人口的发展中国家，人均收入不过才600美元，而我们现在一些地区和城市就要与发达国家攀比，既要有高收入，又要有花园城市，有的还对土地的容积率作了种种严格限制，限制盖高楼，限制更充分地利用土地。刚有几辆自行车被偷就大喊外地人来了搞坏了治安，而实际上我们的公共治安至今比许多发达国家的大城市还好得多。享受当然是越多越好，“城里人”的既得利益当然是城市政府决策的一个重要因素。但我们作为经济学家想提醒人们的问题在于：在这一极多一份享受，在另一极就可能是更长时间的贫穷。当我们支付这么高的费用追求这种享受的时候，我们似乎至少应该给落后地区的人一点进入发达地区的自由，允许他们来平等地竞争一份工作，平等地换得他们能挣得一份收入的机会（其实，当他们进来的时候背后已“天生”地面对着许多不平等，唯一的优势是要的工资较低而工作更加勤奋）。

最后，我们要研究的问题是：中央政府在这个问题上是积极地采取促进人口流动的政策，还是默许或鼓励地方政府限制人口流动的政策？地方政府原则上可以不去管什么地区间的平等问题，这个问题到头来无论如何却总是中央政府的责任！

1997 年 8 月

第五章

生活故事中的经济学

为什么会有“小贩扎堆”?

有人提出这样的问题：为什么大街上修鞋的工匠们非要扎堆坐在一起？他们做的生意是一样的，彼此是竞争者，为什么要坐在一起相互抢生意？分开一些不是更好吗？坐在一起，难道是为了“聊天”？或者为了能有一种“广告效应”，吸引顾客们的注意？

其实，不仅是修鞋的好扎堆，其他各行各业的小贩们也都好扎堆：水果摊一排十好几个，卖菜的更是这样，还出现了什么“丝绸一条街”“成衣一条街”“汽车配件一条街”等。

这些“摊”和“街”最初形成时都不是谁组织的，而是自发地、自然而然地“扎”过去的。

他们究竟为什么要扎堆而不是离得远一些？

只有经济理论才能给这个看起来不合情理却又普遍存在，以至许多人都已司空见惯的现象一个科学的回答。

这就是我下面要“侃”的题目。

我们先从最简单的例子开始进行分析（理论分析必须得作一些“抽象”，从简单到复杂）。

假定一条街（一个确定的范围）两侧都平均分布着许多居民，大家都要吃一种水果（或修鞋，或买菜，无所谓）。由于水果是相同的，同时假定大家知道各水果摊上同质水果的价钱也都一样（不一样会引起什么后果，我后面再说）。这时，大家上街买水果，买哪个摊的，显然就取决于哪个摊离自己更近。请注意，一个消费者为了吃到水果所付的成本包括两项：一项是买水果时付出的价钱；另一项就是为买到水果所费的功夫——花时间跑一段路（经济学中也有“鞋底钱”这样一个概念）。如果各摊上水果价钱相同，大家当然总会选择跑路最少的“购买方案”。当然，如果为了“遛弯”走更远的路，等于你同时又“买”了另一样东西，就是溜的那个“弯”，所以要另当别论。

以上说的是“买方”，现在再看“卖方”。

由于买者都拣最近的摊买水果，小贩对市场的“占有率”，就取决于他的摊离大家的距离——离一个摊较近的消费者越多，摊主卖的水果越多，赚的钱也就越多。现在假定一条街上只有两个小贩，开始时分别设在街的两头（这是“离得最远”的一种安排），这时显然两个摊的市场占有率是相同的——这条街上的消费者会从街中央分开，离东边近的去东摊，离西边近的去西摊。

下面就让我们来看看一个小贩，比如说西边的那一位，是否可以采取点什么行动来扩大他的“占有率”？办法显然是有的——只要他往街里边（东边）挪一点，他的占有率马上就会提高。因为他这样做时，在他西边的顾客，仍然会来买他的，而在街的中部原来一些去东摊购买的顾客，现在由于离西摊近了，也会调转过来买西摊的；他越往东挪，离东边的顾客越近，来买他的水果的人就会越多。

但问题在于，市场经济中每个人的权利都是平等的；而且，市场经济理论假定每个人都同样聪明（或同样不聪明，反正不必假定只有精英才能管理好经济，而其他“小民”由于“不懂经济”而只能听从别人的安排），因此，原则上说，西摊能做的事，东摊上的那一位也同样能做，今天没做吃了亏，明天也会学着做起来，也会往街的中央挪，与西边的那位竞争市场份额。就这样，你挪一尺，我挪一丈，最终大家都挪到了街的中央，在街中央重新“平分市场”——一条街上的人都从两头跑到中央来买水果，买哪个摊上的概率这时原则上是相同的。

过去在街的两头开分市场的“市场结构”是“不均衡”的，因为那时虽然也是两个人平分市场，但双方都有改变当时处境即再“往里挪”的动机；而现在两位都在街中央的这样一种“安排”，却是一种“市场均衡”，因为这时谁都不会再具有改变自己位置的动机——无论是哪一位，是再往东挪还是再往西挪，都会失掉一些顾客，而不会提高市场占有率——市场均衡的概念，从来是一种行为概念，而不像有人以为的那样是什么“总供给=总需求”。

于是，我们就看到了扎堆的现象——本来的“势不两立”的竞争者，却偏偏还要坐到一起去。这就是所谓的“看不见的手”的一种力量。而在它的背后是一系列卖主与买主的理性行为、选择、竞争、成本、收益、最大化、最小化、均衡之类的经济学道理。

经济理论在以前被加以教条主义、形而上学和浅薄无知等败坏的名声，真正的经济理论其实是很“平易近人”的，它就是从我们生活周围大大小小的现象、事实中分析、概括、抽象、推理出来的，又能够解释比直觉更多的道理。小贩们受利益动机趋使，自觉或不自觉地扎堆，可能自己都不会意识到究竟为什么，但经济学理论却可以把这行为背后的道理一条条地分析出来。

当然，一种理论一般只能解释一种现象的基本原因，而不能穷尽所有的因素。我上面说的市场均衡的道理，是小贩扎堆这种现象的基本内核，是从市场上林林总总的“扎堆”现象中抽象出来的。抽象的东西往往还原到现实生活时都会附加上各种各样的其他因素，从而表现为形形色色的具体形态。小贩们“扎堆”自然也会有一些偶然的因素在起作用。比如一个小贩到一个地方摆摊，最初可能就是因为看到那个地方生意已经很红火；或者是因为老乡、朋友为了帮他一把，分给他一块市场；或是因为工商局看到一个地方形成了某种特殊的市场，便规定今后一切同类生意都要到那个地方去做；或者，相反地，因为顾客的分布情况较为特殊，某一类小贩都不去扎堆等。总之在解释具体情况的时候还是要作一点具体分析。

以上是“两个卖者竞争模型”，把它推广到多个卖者，道理基本上也是一样的，只是更复杂些。比如在一条街上同时有多个同类摊贩的情况下，街口摊位由于外来偶然路过光顾的人可能多些，被购买的可能性大些，他就有可能因销量大有能力与其他“里边的摊位”进行杀价竞争，因此往往会产生出“多交市场管理费”或“多交摊位费”的制度安排，以做到公平竞争（这里可以引申出“政府职能”）。

至于说到“××一条街”的现象，情况就又更复杂一些。因为这时涉及买者“搜寻价格”或“搜寻质量”的问题。有些商品，在一个城市里各处的价格、质量可能不一样，买者为了获得更充分的商品信息，往往要进行一番调查（“搜寻”最低价、最高质与最想要的型号），这时，同类商店最多的地方，就会成为大家最愿去的地方，因为这样可以节省买方的“寻价成本”。于是，便会发生分散在各处的商店在“适者生存”的过程中逐步向某一处扎堆的过程，形成一条一条的专业商品街；再进一步，还会形成几类商品在一起的商业城等等。商店扎了堆，卖者之间的相互竞争又会使价格下降到相同的水平、质量提高到相同的水平，并在此基础上进一步开展成本、质量与服务的竞争，使消费者得到更大的好处，资源配置得更加合理、更有效率。

市场就是这么一个自然、自发而又精巧的机制，会生出一系列令我们赞叹不已的“好玩意儿”。

笔者自己是深信理论的力量的，也希望更多的人更重视学习理论、研究理论。经济理论不仅能够给各种纷杂的经济现象一个科学的解释，更能够指导实践，使我们在实践中更加自觉。

比如，上面所讲的理论，经适当扩展、深化，就可以应用到商业建设、市场的区域分布、“中心城镇”建设等问题上去，使我们少走弯路、少浪费资源；再与别的理论相结合，还可以应用于解决更多、更大的问题。

在此我也很想提醒一些自以为懂了一些理论而忽视普通人的自发选择和市场自然形成过程的“聪明人”，不要把理论应用“过了头”，再生出些“拉郎配”之类的事来。

1993 年 11 月 5 日

选择闲暇

《八小时以外》的编辑约我写稿，我首先想到的是自己是没有“八小时以外”的，于是觉得很有意思。这也就规定下了我只能对八小时以外纸上谈兵，就像我们这些经济学的书生对经济问题也只是纸上谈兵一样。

同时我也发现“八小时”值得研究。我们从事的理论研究这个职业，不去“定点上班”，所以没有“八小时”之说。这是好事，因为可以自由支配时间，别人上班的时候，我们也可以上街闲逛，把“八小时之内”变成八小时之外。但自然也有坏处，就是不再有工作与休息之间的明确界限——没有“上班”，也就无所谓“下班”，晚上吃完饭又坐上办公桌，上厕所的时候还要想着文章怎么写。当然，这一切也都由你自己决定。这一分“自由”是我们这一职业的一大诱人之处，是工资少一点也会有人来干的原因之一。

在经济理论上，时间以及由时间体现的我们的整个生命，是每个人都拥有的一种禀赋，一个人再穷，没房子没地没受过教育，也还有一份时间，这时间既可以用来工作，也可以什么也不做，作为“闲暇”来享受。在经济学里，“闲暇”就像面包、衣服、家用电器一样，是一种消费品，只不过我们从闲暇中获得的那份享乐，不同于面包使我们解除饥饿、衣服使我们温暖漂亮、电器使我们方便省力，而只是使我们清闲、轻松、闲静，使我们忘却生意上的烦恼、官场上的角逐、学问中的艰深，而只是关注于我们自己的生活本身(当然也得包括关注个人生活中的种种烦恼)。同一切其他消费品一样，闲暇也是有代价的，就是你多闲散一分钟、少做一分钟，就减少一份工资收入。就是说，你为获得一份闲暇并不一定直接付出了什么，但却减少了一些其他方面的享受。在我们雇保姆来为自己做家务的场合，闲暇的代价，便是支付给保姆的那份工资。

于是我们生活中的一个基本的问题便是：你想要有多少闲暇？

这个问题的反面便是：你想做多少工作？过去在我们的旧体制下，这个问题对多数人来说是不存在的。首先，每个成年人都必须工作；其次，大家一律是一天八小时、一周六天、一年五十二周。即便在今天，选择多少时间工作对大多数人来说也是不存在的，只有我们这些在家工作的“自由职业者”或个体户、私人企业老板等除外（许多政治家和企业经理的工作时间也不局限于一天八小时）。改革开放之后，我们可以选择第二职业，在八小时之外做另一些工作，挣更多的钱。这应该说有了新的选择余地，但由于我们正处在发展初期，物质生活的需要，比对闲暇的需要更紧迫一些，所以多数人如果做新的选择的话，也是尽量选择增加工作时间，增加闲暇还没有成为多数人的实际选择。

人们究竟如何选择是一回事，有没有选择的余地是另一回事。社会的进步、经济的发展，要求我们也逐步建立起对闲暇的市场选择机制，不再是千篇一律地每个人都面对“八小时以外”，而是可以选择“零小时以外”（比如主妇可以选择不去上班）、“两小时以外”“四小时以外”（小时工、半日工）、“×小时之间”（早晚工）、“弹性工作制”（今天四小时以外，明天十二小时以外）；按周计算，工作时间也可以不再是四十八小时，而是四十小时（五天工作制）、二十四小时（有一些人可以选择半周工作）等。关键不在于多少，而在于每个人可以根据自己的情况、需要，不仅选择工作，也选择工作与闲暇时间的长短。此外，社会经济发展的一大趋势就是减少工作时间，增加休闲时间，所以将来有一天很可能一个国家的多数机关、公司，都会实行六小时工作制或四小时工作制。

我想，我们的社会应该，也一定会向否定“八小时”或“八小时以外”的方向发展。这就意味着，我们是在向否定“八小时以外”这个“标题”、这个“刊名”的方向发展，虽然事实上这个名称本身具有永恒的象征意义。因此，我想不妨“未雨绸缪”，在此为贵刊有朝一日“改名”提前（提前一大步）作一“虚妄”的准备：为它起一个不再有“数量界限”的新名“备用”，不妨就叫作“享受闲暇”。

1994 年 1 月

给自己多攒点闲暇

活了四十来年，一直觉得当儿女还没当够，但突然间现在要当爸爸了。随着妻子的肚子一天天见大，做丈夫的也越发感到新的责任正在一天天地加重，“八小时以外”的闲暇时间，便也不断有了新的内容。先是看到夫人有了新的家庭作业，要读《孕妇的十个月》《婴儿与母亲》《胎教 300 问》《初生宝宝的 12 个月》之类的书，中文英文，床头堆得老高，当作一种不敢懈怠的功课，也是在学一门新的重要的学问。接着是丈夫要陪怀孕的妻子傍晚出门散步，这既是功课，也是一种前所未有的奢侈：为了孩子，也为了母亲，你得把一部分资源（时间）配置到这一用途上来。然后，要为那即将来到人世的新人购物置衣：小床、推车、奶瓶、奶嘴直至消毒碗柜，逛一逛商店里从未去过的角落。再接下去，就该是孩子降临之后的事情了。现代父母的榜样处处可见，我也不难想象我们将会怎样地度过每一个夜晚、每一个周末、每一个假期。很久没有逛公园了，20世纪80年代后兴起的大小游乐园从未去过，现在终于可以预见到就在不远的将来，我们将会把可玩的地方一一逛过。对于我这个过去上班与下班区别不大的学术工作者来说，今后上班与下班至少可以有一个鲜明的界限：当你为孩子奔波、为孩子忙碌、陪孩子玩的时候，你是处在下班的阶段。

于是，我似乎突然领悟到八小时以内与八小时以外的一种差异所在：对于一个有家小的人来说，上班八小时是在进行物质的再生产，而八小时之外是在进行人的再生产——一方面，通过休息，我们再生产出了我们自己——自己的精力、体力，使我们自己的存在得以维持；另一方面，通过养育子孙后代，通过“复制”出新一代的男人女人，我们再生产着人类，维持着我们人类不断的生息。

这样一想，又觉得人类真伟大：人生到世上，其实就是不断地劳作、生产，不是这样的生产就是那样的生产。不仅“劳动创造了人”，人也为了创造人而劳动。人就是这样一种生产的动物。

想到这些，方才意识到：转了一个弯，八小时“之内”与“之外”的差别闹了半天其实是不存在的——我们无论在“之内”还是在“之外”，都是在生产，不断地再生产，只不过生产的内容上有些差异罢了，而两种生产说到底也是一样的：物质的生产其实还不是为了维持和发展人类本身，因此还是可以归结为人的再生产——挣钱还不是为了吃饭吗？个别人可能不是这样，但从人类整体来说不过如此。

由此不禁对我们人生的最终目的产生了疑问，难道人活着就是不断地生产吗？人类的进步难道就表现为更多的生产吗——更多地生产物质产品从而更多或更好地生产人类本身？人类活得更好又体现在哪里呢？难道就体现在使用更好的工具（更先进的技术）、消费更多的物质产品从而更多更好地再生产人类本身吗？

这真是一个没有答案的问题。

或许唯一的答案是：人类的进步、人生活得更好的标志，甚至是唯一的标志，可能就是闲暇的增加，是生产时间的减少——无论是物质生产的时间还是人自己的再生产所需时间的减少，是那种真正意义上的闲暇（而不是下了班再忙别的）的增加。只有闲暇的增加，才使你的生活当中出现了一些真正的差异，使我们显得有了一些真正的进步，不再一代一代地重复着忙碌的人生。从这个意义上说，人类进步的根本性标志不是发明和使用了多少新技术、有了多少新的物质产品，而是在于诸如“五天工作制”，休假、旅游、听音乐、看“闲书”（看“正书”是为了工作，不算休闲），陶冶情操、追求精神境界之类的事情上，换句话说，就是那些非生产性的事情上。

于是意识到给自己留一点真正的闲暇的重要性。作为人是一定要生产的，但生产是无止境的，生产率的改进也是无休止的，一代人有一代人的局限，总不可能达到充分的满足，还不如适可而止，留给自己一点不生产的闲暇，享受人生中一些别样的东西。

1994 年 11 月

街头公用电话中的经济学逻辑

1993 年春天，我们开车到了美国南海岸的新奥尔良。这是一个富人区与穷人区截然分开、对比鲜明的城市。

为了浏览南北战争之前建成的南方庄园式的豪门大院、花园街景，我们开车在城市转了几圈，一会儿进入富人区，一会儿拐到穷人区。看过一个富丽堂皇的宅院后，我们开进了一条破烂的街巷。街角上有一个电话亭，粗粗的钢质话筒线晃晃悠悠地挂在电话亭外，话筒已不翼而飞。我不禁幸灾乐祸，大笑出声，“老美”的电话也有坏的时候！

我在美国前前后后待过不少时间，也跑过不少地方，仔细想想，见到过的那么多的街头公用投币电话，总是多数“亭亭玉立”，坏的的确不多。再想想自己生活的北京和中国各大城市，这些年大家没少呼吁多安街头公用电话，也安装过不少，但总是没几天就坏，很少能找到几个好的可用，又不禁有些怅然。

我想也该立一个“研究项目”，多问它几个为什么，研究一下街头公用电话中的学问。

投币电话的好坏，现在已不会是什么技术问题了，差别恐怕首先在于“用料”的不同，美国的街头投币电话，摸上去、敲上去，都让你感觉是一个大铁疙瘩，禁拉又禁踹，禁扯又禁拽，所以不爱坏。我们的投币电话，则叮叮咣咣明显的是一层铁皮，自然禁不起折腾。用料好、用料多，显然花钱也要多，而我们的那种铁皮式，一定省工省料，来得便宜。但问题在于，便宜的不一定经济："铁疙瘩式"比你贵10倍，但一用10年不坏，天天从里边往外掏钱；你的"铁皮式"倒是便宜10倍，但装上去没10天就坏，要保证使用，10年里得装至少300个，花300倍的钱，到底哪个合算？(当然，如果根本不需要保证使用，自然也就不必花那么多钱。)

如果想当然，很容易做出这样一个判断：我们是穷国，电信局也没有那么多钱一下子做出那么多"铁疙瘩式"满足需要，有这些"铁皮式"的凑合用也不错了。但我以为，这并不构成做许多"铁皮式"的理由。"铁疙瘩式"一次做不多，可以少做几个，但做一个是一个，日积月累，慢慢地也会遍布街头。"铁皮式"倒是可以一下子"遍地开花"，图个眼前的红火，但到头来（没几天就到了头）一个也剩不下。

经济上的事最忌讳的就是只图眼前小利，不顾长远损失。街头电话不过是小事一桩，更大的教训我们有的是。

以上谈及的是电话的耐用性与原材料投入品质量之间相互关系的"物质必然性"。但经济现象不仅是物质关系问题，还是个社会关系问题。而往往正是对社会关系的认识，决定着人们的物质选择，比如，街头电话用什么材料制造？依我看，做那么多"铁皮式"的让它"遍地开花"，就没有把安街头电话的社会关系问题考虑周到。

若把一个投币电话装在一位谦谦君子家里由他一个人用，别说是铁皮的，就是塑料的，也可能用它10年不坏。但放在街头，来者却不个个都是谦谦君子，一个捣蛋鬼一晚上就可能毁掉10个"铁皮式"电话，这点我们在"选料"的时候、设计规划的时候、做预算的时候是否想到了？北京街头电话坏了之后，报上开始有文章“呼吁”爱惜公物。事后呼吁并非没有必要，宣传教育、提高大家的道德水平也很重要，也会有成果，但是一个首要问题是要在事前算计到我们的社会中还有一些人“缺德”，还一时教育不过来，因而就不能把当前的经济决策建立在将来把大家都教育成“谦谦君子”的“理想境界”之上。美国社会的犯罪率比我们高，他们当然得算计到，因此必须使做出的公用电话让那些“缺德鬼”轻易砸不坏以至懒得费劲去砸坏它才行。但即使我们的公德水平普遍较高，也还是得算计到那些“仅存的”“个别的”“少数的”“极个别的”不自觉公民，要考虑到“一条臭鱼就能腥一锅汤”的道理。

经济决策最怕的是只往好处想，不往坏处想。我们要宣传“自觉”、提倡“自觉”，但人们还不那么自觉，你怎么办？经济决策目前还是要以人们“不自觉”为前提。投币电话如此，其他事也是如此。

就单个电话的成本价格相比较，“铁疙瘩式”的一定比“铁皮式”的用料多、成本高；成本高是为了防止“小人”们破坏，而不是因为它本身能够更好地通信。明白了这个道理，我们就可以知道：“铁疙瘩式”电话相比“铁皮式”电话多用的料、多花的成本，不是电话通信本身的技术要求，而是为了“对付人的”——是为了防止人为的破坏而不得不支付的“社会性成本”。

说到这儿，我们就可以引入经济学中的交易成本这个概念了。

在经济学中，一切为了与人打交道、为了防止上当受骗被人破坏而支付的人力、物力、财力，可用一个专用术语加以概括，叫作“交易成本”；而一切为了获得某种使用价值而支付的人力、物力，则称作“生产成本”。简言之，生产成本是人与物打交道时支付的成本；交易成本则是人与人打交道时支付的费用。通常，人们在研究交易成本问题时所举的例子是“订合同”前前后后所花费的时间、精力与金钱财物。比如商品买卖合同、项目委托合同、劳动雇佣合同等，事前要调查研究，事后要监督核查，这一切都是为什么？都是为了防止交易的对方利用各种可能的机会（包括由现实中存在的不确定性所造成的机会）来破坏合同的执行，防止受到欺骗，防止有人投机取巧，保证自己的利益不受到损害。破坏合同的行为，在本质上与投币电话放在外面被人出于种种动机进行破坏的性质是一样的；而为防止破坏合同所支付的成本与为防止破坏电话所支付的成本，在本质上也是一样的，都是为了防备小人，都是为了对付人，而不是为了对付自然、对付物质世界。

经济学中一个重要的研究课题就在于如何对一个经济中或一件事物上所花费的生产成本与交易成本加以计算。而通过以上的分析，我们就可以看到，在公用投币电话这个问题上，我们有了一个衡量“交易成本”的简便办法：它近似地等于“铁疙瘩式”电话的成本，减去“铁皮式”电话（假定它刚好满足电话通信本身的技术要求和防止自然界刮风下雨造成损害的技术要求）成本之后的差额。我们的街头电话总得不到发展，原因不是生产成本付得少了，而是在于没考虑到要防范“小人”，交易成本付得少了。

以此类推，想一想在我们生活中的各个环节上，我们支付了多少交易成本？

由此也可推知道德教育之重要。讲公德、讲文明、提高社会的文明水准，大家办事讲信用、做人讲规矩、爱护公共财产等，之所以对人类是有利的，对我们每一个人是有利的，基本的原因不是它“美好”，而在于它可以节省人与人之间的交易成本，减少人与人之间的“内耗”，把更多的资源用于物质生产、提高我们大家的实际消费水平。但是，还要强调一下的是，当人们的道德水准还没有提高的时候，我们千万不能忘记防范“小人”。忘记了，反倒会引起资源配置的效率下降，反倒会使我们的实际消费水平降得更低，反倒会没有街头公用电话可用。以此类推，在骗子较多而又一时“教育”不好的条件下，我们只能多支付一些交易成本，多订些合同，多制定些法律，花更大的力气加强执法与司法机构，多成立些“消协”之类的打假组织，多搞两次“万里行”之类的活动，那不仅是必需的，而且是有利的。不下点功夫防骗，一定是骗子横行。

注：以上这篇文章的初稿是两年前写成的。两年后的今天，中国各大城市有人看管的街头收费电话亭已随处可见。这可以说是在我们这个劳动力资源富裕、物质资源相对稀缺的经济中解决公用电话问题的一个具有中国特色的“最优解”，因为我相信目前用这种办法提供街头电话的使用价值的成本，一定比生产“铁疙瘩”式电话的成本要低。在这个“最优解”中，电话通信的生产费用还是等于电话机本身技术上必需的生产成本，而“人工看管费用”，则属于交易成本——是这些看管人在防范着“小人”。

1994年4月26日

讨价还价者言

乌克兰首都基辅市。

我和两位来自美国的国际政治学教授一起，利用学术会议散会后剩下的一天工夫上街观光购物。乌克兰这几年改革滞后，没做什么事情，经济一塌糊涂，但自由市场毕竟也有了一些，特别是工艺品市场，凭借其深厚的文化传统，吸引着为数相对少得可怜的外国与外地的游客。市场在一条中世纪就已形成的街道两旁，总共三四十个摊位，外加几家画廊。严格说来，真正的“摊”也不多，多数人只是把油画、雕刻品、漆器等挂在路边的墙上，靠在墙角或干脆摆放在地上。一位教授看中了一幅山水油画，画幅不大，水平也很低，卖者却开口要 90 美元，这位“老美”犹豫了一会儿，最终还是要掏腰包，我看着不公，上去砍价，最后帮他以 40 美元成交。另一位看中了一个颇大的木雕，卖者开价 200 美元，这位也是没有二话，又是我帮他砍成 110 美元。从此这两位老先生不再离我半步，看中了点什么都要等着我先去讨价还价；下午再去另一个地方也执意要约我同行。

晚上吃饭聊天，两位“谦谦学者”说了实话：我们一是感觉难以开口讨价还价，二是也不会砍价。美国人在日常生活中真的很少砍价。商人们做大买卖时另当别论，但在日常生活中，要我们去砍价，会觉得很尴尬；倒不是因为会让人觉得我们小气，锱铢必较，而似乎是对卖方的一种不信任，似乎是在说他开价不公，在欺骗我。今天，看着你与小贩们争价却很自然，是否是亚洲文化的差异？

于是我对他们讲起了发展经济学：你们不会砍价有你们的道理，我们砍价自然也有我们的道理。你们的市场化已很发达，竞争者众多，谁开价过高，都会被别的竞争者压下来；市场上商品多了，卖者多了，消费者的市场信息也较充分，大家对各种物品值多少钱心中也多少有个数，总之市场竞争机制已经找到了各种商品的"均衡价格"，并将其摆在大家面前，成为公开的秘密，谁要高价也难以得逞；从卖者的角度看，生意做大了，卖的东西多了，与其一件一件费力不讨好地讨价还价，还不如明码标价大批量地卖赚得更多，于是讨价还价的事也就自然成为不必、不值乃至"不敬"。可我们的市场（包括乌克兰的那个市场）还处在"初级阶段"，卖者竞争还不充分，市场也尚处于分割状态，谁也不知道均衡点在什么地方，只好是"漫天要价，坐地还钱"，在个别的交易中讨个"公道"。卖者不漫天要价，不符合利润最大化原则（有机会不用其实不符合市场的精神）；买者不"坐地还钱"，则也不符合消费者效用最大化的原则，是甘心吃亏上当，所以砍价也就合情合理，没有尴尬可言，大家彼此彼此，习惯成自然，谁都不会因"不信任"对方而有一种道德负罪感。从本质上说，这不是文化问题，不是道德问题，而是发展阶段问题。你们二百多年前不也是从讨价还价起步的吗？

我们中国过去十几年市场发展的过程，其实是对上述一般道理的一个很好的证明。

自由市场最初是由流动商贩起步的；而任何地方的市场如果还

是以“打一枪换一个地方”的小贩为主，那地方不仅假冒伪劣、哄抬物价、投机倒把的事情泛滥，而且你买东西时一定要讨价还价，狠砍三刀，否则肯定吃亏上当。接下去，“行商”会发展为“坐摊”，逢五逢十的集市也会发展成更为固定的市场，竞争者多了，流动性小了，物品也丰富了，买方自给自足程度小了，市场购买的次数也多了，买卖双方对于对方的行为方式也都有了较深刻的了解等，讨价还价的余地也就小了。但这时讨价还价还是必要的，只是性质已有所变化，主要是因为这时市场的专业化程度还不高，比如有钱的买主与没钱的买主还都在同一市场上购物；卖者要一高价，主要是起到价格区别对待的作用，那些有钱（钱的边际效用对他较低，因而多花几个不大在乎）的买主可能不还价（当然还会有另一些买主出于另一些原因而不还价），这样就能多卖几个钱；那些没钱的或虽然已有了钱但仍保持着“计较习惯”的买主（不能说“习惯”完全不起作用），讨价还价一番，双方也都不亏什么。在面对各种各类游客（比如外国游客多）的市场上，这种叫价方式无疑会持续较长时间。北京秀水东街上也会长期存在一种“均衡的高价”，即所有商贩都统一要的一种“宰老外的高价”。再下一步，“坐摊”发展成为商店，甚至各种档次的专业商店，卖方之间的竞争更加充分（不是说有了“店”竞争一定充分，而是说竞争导致多数卖主改变了经营方式），卖方的流动性进一步降低，不同的买主也分开了档次（质量与价格同时分档，但质量与价格并不一定成比例，质量高一点，价格可能高许多，付高价时实际还买了一个“高档身份”），结果无论是在高档上还是在低档上讨价还价都成为不必要的——市场竞争的发展已经把各种东西的均衡价格明码标了出来。这一规律在任何地方都适用，包括在乌克兰，在一些已经形成的专业商店里，也是明码标价，不得争议。我在一家专业画廊里买了一幅油画，问价时老板拿出一个本子，让我自己读上面的标价，不得争讨一分一毫。我当时当然还要故做出“吃亏状”，抱着砍下一点来的侥幸心理试了几次，虽然没有成功，最后“咬牙”买下来时，心里觉得还是合算的，觉得那画真的该值那么多。市场发育到了这个阶段，讨价还价的习惯慢慢地就会不再适用了，以至会变成一种尴尬，至少会像我当着若干其他买主的面“小里小气”地砍了半天价，毫无结果，最终只好照价付钱时的那种“尴尬”一样。

这就是我这个亲身经历了中国近十几年市场发展几个阶段的中国人能对“老外们”讲出的一番道理。仔细想想，这种道理对我们自己也是有“政策含义”的。

市场是一种“均衡的机制”，但它只是一种使价格趋向均衡的机制，谁也不要指望市场价格从一开始就是均衡的或从今以后总会是均衡的。从交易发生开始到形成完全竞争的市场，是一个相当长的历史发展过程。在这一过程的初期，我们大家感受更多的不是均衡，而是不均衡，是哄抬物价、假冒伪劣、坑蒙拐骗、欺行霸市、官商勾结、人为控制，是“谁都不懂市场”，等等。但这并不意味着市场这个均衡机制不灵，相反，较完全、较发展的市场正是在这种种的不均衡中发展起来的，是一个阶段一个阶段成熟的。想想我们今天的市场比起十年前的市场来，不是已经成熟许多了吗？认识到这点，一方面可以使我们心理上有所准备，不要想着一搞市场经济一切就应该十全十美，或者说人家外国人能搞的我们不能搞，要么是因为我们有“中国特色”，要么是因为我们有“民族劣根”，再或者甚至说我们现实中的许多不尽如人意的现象都是因为搞市场经济把一切“搞糟了”；另一方面，更重要的是，我们的决策者们应该很好地认识市场的发展规律，不要一看到市场上出了点问题就去压、去堵、去砍，而不是想办法进一步发展市场。比如，这些年还在不时地搞“物价检查”“控制物价”，作为一种权宜之计，在市场不完全时用行政手段管制一下，是必要的，但从长远看，要控制物价又不伤害生产者、经营者积极性的最好办法是去发展市场，鼓励更多的生产者、经营者进入市场进行交易、参加竞争；卖主多了、交易多了、市场多了、信息更完全了，物价自然会趋于真实、趋于正常，假冒伪劣的东西也就难以泛滥，或者，劣质品就只好降价处理。当市场出现问题时，你得首先问一下为什么那些人哄抬物价能抬得上去，为什么那么高价还会有人去买，为什么没有人出来杀价竞争，而不能总问这些商贩怎么这么自私、没良心。你总在那里管头管脚，不让竞争扩大，你就总得一天到晚去管头管脚，累得要死，却总也解决不了问题，不如多采取些措施去鼓励竞争、鼓励市场更快地发育。在市场还不完全的时候，政府是要采取一些管制的措施（市场较发达之后，政府还需要进行一定的管理，但其性质已经有所不同），但也有“好的政策”与“坏的政策”的差别：好的政策是一方面临时管管价格，但管制的措施却不伤害市场的发展，同时在另一方面大力鼓励市场竞争，鼓励更多的人加入市场；坏的政策则是一下子管死，让多数人不再有动力去加入竞争，或根本无法再有什么自由竞争，使市场长期处在不完全的状态当中。当然，作为一名观察者，我也并不期望决策者们一下子就能做出很完善的决策。市场发育的过程，也是管理市场的人们的“发育”过程；不让市场发展，人们也不会真正学会怎么管理市场，因为管理市场的人其实不过也是市场上参加游戏的一方，或者说是游戏中若干方的利益代表，游戏还没“玩”起来，规则也不可能完善。

1994 年 4 月

“吃青春饭”与“信息不对称”原理

关于“青春饭”问题的讨论，多限于围绕“女人的价值”展开。其实男人女人都有一个“青春饭”的问题。喀麦隆的一个球员才 40 岁，这次世界杯赛上被咱们的电视评论员称为“老米拉”“米拉大叔”，真让人深感岁月的危机。艺术歌唱家都可以是越老越辉煌（太老了底气不足当然另当别论），但 MTV 上的“歌星”，无论男女，老了都不行，不会成为追星族的崇拜对象，一到三十几岁就会有人问“什么时候退休”。再往一般的事情上说，无论男女，上学读书，青春时光对谁都是最宝贵的，过了一定年龄段，模仿能力、记忆能力以及创造能力都会下降，学起来至少要花成倍的功夫。所以我想，“青春饭”问题目前可能突出地反映在一些女性阶层上，但实际是人类生活中的一个带有普遍性的问题——你如何安排自己的一生，社会应如何为青春付费？

人人都有一个青春，每个人的一生至少可以分为两个阶段：青春时期与青春不再的时期。每个人事实上都面临一个共同的问题：

若在年轻时多玩一些，或者早早地去工作挣钱以便有更好的物质条件在青春时代享受人生（不能否认，许多享乐是要钱的），总会或多或少影响到知识的掌握与能力的发展，从而导致以后的收入相对少些；相反，若在年轻时多读些书，此时辛苦些（读书是件很辛苦的事，所以会“赶跑”一些人），知识多了，能力得到了较全面的发展，将来的收入会相对高些。显然，这两种选择各有利弊，是一个“两难选择”。经济学承认，面对这样的问题，人们的行为将取决于各自的偏好：有的人就是喜欢年轻时多享受一些，不那么在乎将来的生活，于是他会倾向于选择前者；而有的人考虑得较为长远，更注重一生的安排，或是更想在一生中成就较大的事业，就会倾向于选择后者，在年轻时代多为以后打下坚实的基础。从本质上说，这是一个“公说公有理，婆说婆有理”的个人主观价值判断问题，我们不该把自己的价值标准强加于他人，因不理解别人的活法而指责别人活得不如自己好；或者，总觉得别人活得比自己好，可自己又不愿意与别人“同流合污”。为什么非得让别人和你都是一个活法？偌大个社会，不能否认那些不愿按某种模式生活的人也可能有非常幸福、对他自己来说是最幸福的人生。我也不否认伦理学家或我们个人有宣传特定价值标准的权利，而只想说，从经济学角度看问题，我们要尽量少对不同的活法作横向比较。

在挣了钱如何花的问题上，也是如此。一代人有一代人的消费观念。年轻人现在收入高，对未来的收入又充满信心，不想存钱储蓄，而是吃好穿好，这是个人的选择。市场经济是一个多元化的社会，收入不再是平均的，消费方式不再是划一的，有人愿意把钱花在几千元一件的衣服上，花在几百元一支的口红上，这与有人愿意把钱花在吃上，或是花在装修房屋上，都同样是个人的偏好，我们都应持一种宽容的态度，承认他们使我们的社会丰富多彩，而不是单调乏味。对此，人们有权做出自己的选择。

从经济学的角度看问题，我倒是更关心社会是否“为青春而充分地付费”。有人吃“青春饭”，一定是因为人们喜欢青春的光彩；而人们欣赏青春光彩却是以“吃青春饭”的人们的某种牺牲（未来稳定的职业与收入）为代价的，因此有责任对后者进行一定的补偿。在这个问题上，我们不能以传统的“平等收入”观念来衡量市场经济中收入的差距。某些特殊行业，如运动员、歌手、舞蹈演员，以及礼仪小姐、饭店服务员等所谓的青春行业，收入的确是高些，其中包含着两部分内容。一是对消耗青春、耽误未来的收入补偿。这对一些从事特殊行业者，如运动员、舞蹈演员是如此，对饭店服务员也是如此。他们从事了青春职业并因此而没有多上学或早日进入更加稳定、可以一生从事的职业，因而需要一种补偿性报酬，否则就会没人去从事许多社会需要的青春职业。这是市场配置资源的一种合理安排。这在我们的生活中实际已经表现出来了。当初像饭店服务员一类职业刚出现时，人们蜂拥而至，时间一长，这些青春行业的特殊问题暴露了出来（信息更完全了），报名的人数明显减少，招聘工资也有所上升。这就是市场机制的作用。二是一些稀缺资源的市场价格。比如说，既然人们喜欢看到高敏拿世界冠军为国争光，而 12 亿人当中又只有一个高敏，那就应该对这样一种稀缺资源支付较高的报酬，也以此鼓励第二个高敏早日冒出来，不要因吸引力不高而埋没了天才。其他领域里的道理也是一样的。

这当然不否认市场经济发展初期存在着收入不公的现象，但只能靠体制改革和市场的发展逐步解决，而不能靠批评别人“追求高收入”来解决。

明确了以上这些之后，我们不否认目前在有关“青春饭”的问题上，的确存在着一些困惑，现在进行的讨论，其实暴露出了一些人在选择生活道路中遇到的矛盾。这不仅是一个个人选择的矛盾，而且是一种社会矛盾，是对社会的一种挑战：我们能否创造出一个更好的社会机制来帮助青年人解决遇到的问题。

经济学告诉我们，在如何利用青春这个问题上，人们发生困惑的一个重要原因是信息的不完全，或是对自己了解不够，或是对社会、对未来看不清楚。一个人在选择自己的人生道路时，首先要好好地分析一下自己，搞清楚自己的偏好究竟是什么，不要盲目地选择了一种活法，到头来却发现并不是最佳的选择，后悔莫及。明确了自己的偏好，要搞清楚的则是不同选择可能产生的不同后果，可能对自己后半生产生的影响。关于“青春饭”问题讨论的最重要的积极意义，我想正在于把各方面的问题揭示出来给青春正红、面对选择的青年朋友们看。一个特别值得重视的客观事实是，当前的轻松与享受总是有代价、有成本的，它会对一个人未来的收入、未来的成就产生影响；而未来的社会是一个充满激烈竞争的社会，是真刀真枪的社会，是比知识、比技能、比真本事的社会，靠投机取巧，靠运气好，或者靠外表的一些特殊条件取胜的可能性不是更大而是更小。因此，对于一般人来说，年轻时若不多学点知识，打下一个较好的基础，年轻时风光了一阵，到头来真的可能一事无成，在激烈的竞争中成为一个失败者，这不是“道德说教”，而是客观趋势。你可以不理会别人关于如何生活的说教，但你在按你的生活偏好做选择时，应该把这一客观趋势考虑到。未来对每个人都多少是不确定的，我们每个人在年轻时都不可避免地“以青春赌明天”。以上的分析只是说：要尽可能地掌握我们能够知道的信息与较为可靠的推断。

另外，我们还要看到我们现在的教育制度与就业制度，为青年们提供的选择空间还不够大，这也是引起矛盾的一个重要原因。在现有的教育体制下，青年人只能按部就班地上学。高中毕业后一般必须马上进入大学，中间若工作两年就可能再也考不上；成人教育一般也只有业余学习，与在正规大学中专心读几年书的效果多少有些差别，学成后也往往不能获得事实上的同等待遇。这里就有许多改进的余地。比如说，如果高中毕业后参加高考的成绩两三年内继续有效，就可以使一些人先去工作两年再回来上大学，既有了一定的社会阅历，又有了一定收入支持学业的完成，还可以使许多人的青春不失去大放光彩的机会。再比如一些职业的就业方式可以更加灵活，可以有半日工、周二工、周三工之类的安排，这就可以使一些人一边上学一边在精力许可的条件下工作，特别是青春行业的工作。再比如，社会还可以更多地设立一些以工作过几年的青年人为对象的职业再培训学校，使各种各样的人力资源得以在适当的时期内充分地发挥作用，造福于整个社会。

总之我想，在“青春饭”这个问题上，社会应该做的首先是充分尊重每个青年人自己独特的选择，而不是简单地告诉人们应该这样做或那样做。社会所要做的，只是为人们提供更加完全的信息与更加完善的制度，使人们在选择时更加自觉，少一些盲目性，使人们的选择余地更大。使大家各得其所，使社会更加多彩多姿。在一个多彩的世界里，我们每个人都将活得更好，更多地得益于“青春的光彩”，整个社会也会显得更加年轻，更加充满朝气。

1994 年 9 月

影楼与月饼

偶然从收音机中听到一个热点访谈节目，说的是北京市场上影楼价格奇高：港台来的摄影师为新婚夫妇拍一套婚纱照要几千元钱（最高的达 8888 元）。主持人问了特邀嘉宾一个典型的老式问题：价格这么高，政府怎么不管管？那位嘉宾的回答却令人耳目一新：政府有关部门说了，这是私人消费的问题，不便多管。

我当时听了真的很高兴：我们的政府终于开始不再管制价格了，终于明白了私人消费品的买卖与价格，政府不必多加干涉的道理。一种东西的价格假若很高，一定是那个市场上存在着较大的超额需求；价订得高，若是没有人买，卖方一定维持不下去，要亏本倒闭，他才不会那么傻。高价维持得下去，一定是因为有人出得起高价、愿意出那高价，这就是“市场需求”。我们这些出不起、不愿出那高价的人自然也不去光顾那“8888 元”的高价影楼，不过还是去拍 200 元一套的婚纱照，为什么要看着眼热瞎操心？有的人老是看着市场上某种商品价格奇高，看着卖者漫天要价，就是不想想那一定是因为在另一方面存在着需求，存在着市场，不然为什么他要高价能要得下来？有的人为什么一面喊价钱高（买主都会喊价格高），另一方面却还是咬着牙掏钱去买，“一个愿打，一个愿挨”？那一定是你急着要那件物品（需求强度较大，需求弹性较小）。这时真正要解决的问题不是价格为什么这么高，而是东西为什么这么少？是什么造成了供给的短缺或供给不能扩大？是否存在制度上或政策上的原因（假定生产技术一时改变不了，人们能进行改进的只是制度与政策）？是否存在垄断，存在市场竞争的障碍？面对高价格或暴利，政府的责任只是要通过改进制度与政策，消除市场竞争的障碍，扩大市场供给，而不是去人为地限制那个价格。短期内价格高，利润高，会吸引更多的生产者加入市场，只要不存在垄断或其他“市场进入”的障碍，竞争加大，供给加大，价格不久就会自己降下来（通货膨胀情况除外，我们这里谈论的是相对价格）。只要不存在人为的垄断，正是人们痛恨的那个“暴利”才有可能吸引更多的生产者进入一种市场进行竞争，这时你越是反暴利、压价格，价格反倒越是下不来。婚纱摄影这个市场也是这样。据那位知情的特邀嘉宾介绍，一些中国自己的摄影师，正在利用自己的技术，成立自己的影楼，以低得多的价格与那些高价影楼进行竞争，吸引顾客。我坚信这个市场上的情况不久就会有很大的改观。即便将来剩下几家漫天要价、极尽奢华之能事、满足少数人以挥霍来满足自己“炫耀的偏好”与需求的高价影楼，也没什么大不了的。市场就是一个不必大家整齐划一、按一个模式花钱、使各种消费需求都能得到满足、各种收入的人都可用“金钱选票”来购买自己付得起的那些物品的一种经济机制（如何尽可能实现收入的平等则是另一个问题），用不着我们总在那里看不顺眼。

过了几天又听收音机，这次讲的是“高价月饼”。从前两年起，中秋节前高价月饼不断增多，那价也高得越来越“扎眼”：几百、上千元一盒，不过四、五、六块，像是吃“金砖”。市场上月饼供给并不少，但这种高价月饼却越来越多，市场竞争变成了“反向的价格竞争”(“正向的”应是越竞争价格越低)，比着谁的价格高。结果，到头来北京市政府在去年出面干涉，对月饼市场进行整顿，实行价格检查，利润限制，以限制高价，硬是把价格压了下来，把价格上涨趋势用行政手段刹住。

仔细分析起来，虽然中秋月饼与婚纱摄影就交易物品本身而言同属私人消费品，但政府对前者不去限价，对后者却实行了限价，不能不说都有道理。在目前对月饼实行限价，也真是不得已而为之。

问题出在什么地方？我想问题恐怕在于：在婚纱摄影的场合，毕竟多数是结婚的人自己在掏私人的钱包照相；而在中秋月饼的消费上，买高价月饼的钱恐怕都是“公款”。也就是说，差别在于：虽然二者本身最终都是私人消费品（月饼最终还是由个人吃下去），但前者是“私款消费”，后者却是“公款消费”。

月饼这些年来作为私人家庭过节时的一种特殊消费的意义正在退化，其需求正在相对减少，原因在于人们生活水平的提高，使日常各种点心的消费量加大，“过节才多吃”的消费模式正在消失。但与此同时，月饼的“社会意义”正在加大，越来越多地成为各国有单位以及一些非国有部门变相加薪、“联络感情”，甚至变相“上贡”、变相“行贿”的一种手段。给本单位职工发月饼当然越来越必发不可。借机增加大家的实物收入，是“内部动机”；别的单位都发你不发，就会“成问题”，这是“外部压力”。但这种“发月饼”还好说，不必买“上等品”；“送月饼”可不是闹着玩的。本来中秋节是与上级领导、与“审批单位”、地面上的“土地爷们”联络感情的大好机会，那月饼一定要“拿得出手”，不能让那点“小意思”变成“不好意思”；你若买得便宜，别人买得贵，风头让人家占了，你一定办不成事；谁都不是傻子，不知道市场上的“行市”。于是便一定要捡贵的买，反正又都是公款，花的不是自己的钱。高价月饼由于利润高，“回扣”也一定大，这也是高价月饼有人买的一个原因。卖方看准了这种形势，便拼命地“上档次”，质量上去没上去不一定，价格可一定是上去了。结果是各单位的“月饼支出”大增。据说有个1000多人的企业，中秋节买月饼花了40多万元。也就是说，由于高价月饼“问世”，大家的交易成本都看涨。

能否通过加强卖者之间的竞争，使价格逐步降下来呢？我想只要现行体制不变，就很难办到。这是因为：

首先，卖者之间的竞争，如果面对的也是私人的买者，问题容易解决，因为价要是太高，到最后买者减少，最终卖者会竞相杀价。但是在“公款购买”的场合，第一，“公款”的预算约束显然要“软”得多，就是说大家对公款花费的多少不像私款那样心疼；第二，卖者竞争这时可以以给私人回扣的方式发生，虽然这对于卖者来说也相当于杀价，但给了私人回扣，公款支付的那个价格却仍可以不断上涨。也就是说，公与私之间的利益矛盾这时构成阻碍价格下降的原因。市场上竞争可能是越来越激烈，但公款花在月饼上的钱却可能还是越来越多。

其次，在我们目前的体制下，“月饼”已经在一定程度上具有了“行贿物品”（至少是社会物品）的性质，除非有朝一日“受贿”的人普遍认为“月饼没什么意思”，否则，只要还有人买高价月饼能取得“预期行贿效果”，其他人就只能“跟上”。从这个意义上说，“月饼”本身有了一种“外部性”或“公共性”，必须采取某种公共的行动才能解决它所引起的一些问题。

面对高涨的价格，人们当然不会等闲视之。首先是一些财力较差，眼看着月饼成本越来越高、自己不再买得起高档月饼送人或只好买“次等”月饼送人，并因此而不能取得预期“行贿效果”的单位，开始抱怨、抗议，要求“政府”采取行动干预，把价格压到自己买得起从而与别人在“送月饼”这个问题上得以“平等竞争”的水平上。私人消费者这时抱怨的其实不多，因为他们反正自己不买那些高价月饼来消费，除非高价月饼把整个月饼“行市”拉了上去。与此同时，政府作为国有财产的所有权代表，总有履行维护国家利益的职责，也总不能对公款消费支出越来越大的问题视而不见。但由于月饼不像小轿车那样容易监测（监督成本较大），所以难以用“控办”的手段限制人们购买，只好从卖方“开刀”，通过限制价格，达到限制支出的目的（月饼的价格一旦降下来，作为礼品的意义或价值，自然也就小了，需求还会减少）。

这就是我们观察到的“政府出面限制月饼价格”这一现象背后的经济原因。我不知道是否还有别的原因，但我想这是对这一现象的一种逻辑论证。既然同一个政府不限影楼的价而限月饼的价，这后面一定有点什么特殊的东西。同样的道理也适用于其他一些市场，如一定时期内的商品房市场，近几年的挂历市场、酒楼市场甚至资金市场等等。总之是在一切公款消费、公款支出起决定性作用的市场上，同样的逻辑或多或少都会适用。北京市政府曾经对本已放开的商品房市场加以限制和控制，对挂历的问题也在解决；公款宴席的问题多年来想了许多办法试图解决，但现在似乎还没找到好办法，只好继续吃下去；而资金市场 1993 年以来又恢复了政府的行政控制，背后的原因都与“公款好花”（理论上称预算软约束）有关。

这个月饼的例子，我想无论如何都清楚不过地说明了一个重要的理论问题：市场不仅是一组价格；光在表面上有了价格，有了自由买卖，有了竞争等，还不一定就已经有了市场，或者说还不一定有了一个有效率的市场机制。决定市场机制运行状态和运行结果的最重要的因素，是价格背后的市场行为主体，即那些买者与卖者本身。不同的买者与卖者，钱的来源不同、属性不同，会导致不同的结果。不解决这个问题，我们就会看到政府会一而再、再而三地“回来”管制价格，来做“政府限制月饼价格”这种看上去可笑但在我们的现实中却很符合逻辑的事情。

看来我们的体制改革还得继续深入。

1995 年 1 月

“公用浴室”与“外延式发展”

在英国开会，住在一幢原来是贵族庄园、后来租给政府做会议中心的城堡里。庄园很大，有网球场和游泳池。一次游泳，一位家在伦敦郊区的学者给我讲他在家里游泳的故事。他是个“穷教授”，买不起大房子，住在公寓房里，公寓里开始没有游泳池。后来同住在一个公寓小区的6家人达成了协议，在共有的花园里辟出一块地方建个小泳池，费用大家分摊，建好了共同享用。总的来说：这是个不错的制度安排。一共6家人，大家共用一个游泳池，应该没有问题，不会太拥挤，谁多游两次少游两次的也不会增加成本。但是，这位经济学教授说：“我们犯了一个大错误，就是在建游泳池的时候还建了一个公用的淋浴室，本来是为了大家游泳后淋浴方便，但没想到后来的结果是，每天早上晚上，各家的大人小孩，无论是游泳还是不游泳，都跑到公用淋浴室来洗澡，谁洗少了都觉得吃亏。到月底一算，每家分摊的水费、电费（加热用电），比各家自己平常的费用要高出许多。”他说：“6家中就我是经济学家，所以责任应该在我，怎么就没想到人是自私的，一有机会就会‘搭别人的便车’，占‘公用’的便宜。游泳池可以是作为一种公共物品加以提供，因为大家共用一个游泳池费用可以低些，但淋浴这件事无论如何属于一种私人消费，应该尽量建立起私有产权，用‘私’的方式加以生产与消费，‘公用’的方式一定是没有效率的，一定是‘需求膨胀’‘费用膨胀’。于是我提议立刻取消公用淋浴室，这样，大家的水费、电费才又降低到了正常的水平。”

类似以上这种淋浴的事情，我想我们中国人是太熟悉不过了。在我们的身边也是经常发生，比比皆是。英国人也好，中国人也好，在这种事情上的行为方式没有什么两样。而且，无论是我们人均收入400美元也好，还是它们2万美元也好，贪公家便宜（哪怕是像淋浴这样的很小的便宜）的行为也没有什么不同。其实，正是人、人类的这种共同的行为方式，决定着经济制度的“共性”。

什么该是“私的”，什么该是“公的”，从实物形态上看本无严格的界限，只是要看“效率”后果。能够由个人消费的东西，最好个人所有，不同个人之间的产权界限越清楚越好。公共共同消费的东西，也要尽可能把账算清楚，使私人成本与私人收益相对称，才能有效率。前些日子讨论中国发展汽车工业的问题，不少人认为中国人口那么多，发展私车会引起不少问题；但若只发展公共汽车，又不能满足人们坐私车的需要。于是，有人出主意，说是可以几家人共同拥有一辆小轿车，既满足了坐自己的小轿车的需要，又能使道路上不至于过于拥挤。这个主意乍一听不错，仔细一想，其实是个最糟糕的主意，因为它是一个“产权最不清楚”的办法，到头来一定最无效率。试想：几家人共同拥有一辆车，每天谁用？谁先用谁后用？几家人在一个单位还可以一起开车上班下班，不是一个公司的怎么办？即使在一起上班，下班后车由谁用？即使在时间上可以规定，定期轮流用车，用多用少怎么算？有人在单位时间内跑得多、有人跑得少，有人开起车来经心，有的人马虎，这些怎么算？车出了毛病谁来修？修车的费用怎么分摊？算谁的责任？汽油怎么算？谁负责去修车或去办各种有关的手续，买保险、交养路费？这些“账”算不清楚（“算账”过程所费的人力物力是第一种类型的交易成本），到头来一定是用车需求膨胀，用车成本大增，每个人都“狠用车”而不修车，车的寿命缩短（这也可以认为是另一类交易成本），用车的资源配置效率下降。几家人开始时可能都是好朋友，到后来可能闹得不可开交，最终的结果，不是把车卖掉，就是其中一家把车全部买下，回到“私有”的产权安排上去

（这其实就是一种不以人的意志为转移的客观逻辑）。这并不是说汽车这东西一定要谁坐车谁拥有车，但是产权总是越清楚越好。公共汽车或出租汽车公司拥有车，然后提供服务，谁乘车谁付钱，也是公共用车，但产权界限比较清楚，事情就比较好办，谁也不能“白搭车”。小轿车私人拥有，也可以在用车的安排上做些变通，以减少路上车多的问题。比如，几个同事家住不远，可以轮流开车接上几人同行。几家人共同“用车”比几家人共同“有车”要更好、更有效率。原因还是在于后者有明确的产权。

小事如此，大事也是如此。今年（1995 年）要制定经济发展的“九五”规划，于是又开始讨论如何才能集约化增长或内延发展的问题。所谓集约化、内延发展，说到底无非就是如何少用些资本投入，多在改进技术、改进管理、提高效率方面做些文章，从而以较少的资本取得较高的增长率。“集约化”“内延增长”这些词语，已经叫了多少年了，苏联人 20 世纪四五十年代就叫起来了。我们国内也是一叫再叫，我从学经济学那天起就知道“应该”“必须”“坚决”地“走集约化发展的道路”“用内延化发展的方式促进经济增长”。经济理论界对这些概念的讨论也不知道有多少次、多少年了。可是怎么就是不起作用？“应该”做、“必须”做、“坚决”要做的事情怎么就总也做不成，总是“外延式增长”，总是“投资饥渴”“资金紧缺”，投资膨胀、通货膨胀、投资效率低下，企业负债越来越多？根本的道理在哪里？恐怕问题还是出在资金的产权安排制度上。只要资金是国家的、大家的，对每个投资者来说都是不花白不花、不用白不用的，就一定会是人人都争着抢着去多用资金。我要是不多用你就会多用，我就吃了亏，就等于没有占到“大锅饭”的好处，而我多用了资金也不用担心还债，借了债可以不还（从借债那天起就没想怎么还债），亏了本可以赖账，反正最终会有国家来“注入资金”维持我的生存，就不会有多少人认认真真地去想怎么改进技术、改进管理、提高效率，集约化、内延式的发展经济，大家的精力，就一定更多地花在怎么外延地向国家争投资、争贷款、争项目、比着谁更能花钱、更多地花国家的钱上，而不是花在内延地提高效率上。苏联也罢，中国也罢（其他许多国家也罢），同样的产权关系，一定产生同样的经济后果，无论你是从 20 世纪 40 年代起叫集约化经营还是在 90 年代叫集约化经营，体制不改，结果不会有什么差别。在这种事情上，不会有什么国别特色和时代差别。经济学理论就是有这样的信心毫不怀疑地做出这样的预测。加强管理也罢，加强教育也罢，几十年过去了，一种人们“坚决反对”、花大力气想要改变的事实却一而再再而三地出现。总也改变不了，就说明在这事实背后有着一定的不以人的意志为转移的逻辑。你可以不相信理论，但总该在事实面前得出点什么结论了。

1995 年 4 月

酒馆、盒饭、理发摊与经济发展

有朋自远方来，很想见面聊一聊。白天不行，晚上家中地方小，长谈不方便，竟然想不出什么去处可以坐下来聊天。吃饭时间还好，而我们又过了吃饭的钟点。于是只好约在一家大饭店的咖啡座里见面。先用了40多分钟的时间赶到那里（后来再花同样的时间赶回来），叫了一壶茶、一两样小吃（你不吃喝人家不让你落座），边喝边聊，两个多小时，结账时花了近100元钱，相当于我月工资的1/6。

我们两人都是学经济的，拿着那账单相视一笑，颇有些感叹。我们两人曾在香港有过类似的经历。那时我去找他，也是晚上，也没约在家中，而是跑到他家街角上的一家酒馆里，里面很安静，我们选了个谈话方便的雅座，一人一扎啤酒，也是一两样小吃，也聊了两个多小时，结账时花了150多港币，相当于他月工资的1/300。

问题出在什么地方？是他的收入高，我的收入低？不是，收入低有收入低的活法。世界上并不是所有收入低的地方都得花上1/6的工资跑老远地方去聊两个小时的天。这可以说是一个相当复杂的社会经济过程的反映：我们作为一个发展中国家，正处在一个“跳跃式”的“二元化”发展阶段上。

中国人过去聊天不是没有去处，一是小酒馆，8分钱打一两酒，2分钱买一碟小菜（共一角钱，相当于当时一般低收入者月工资的1/300），两个蹬三轮的老头可以坐在那里聊上两个小时，那景象我小时候还见过，更有省钱的老头可以自己怀里揣着已经当过几次下酒菜的咸鸡蛋到酒馆里来泡一阵。另一个也很不错的去处是茶馆，一角钱可以泡一壶龙井茶，坐在那里读书、看报、侃大山，还会不断有人往你壶里来续水。这些本来都是我们中国人的习惯，当然并不是有钱人的习惯，而是普通劳动大众生活的一部分。搞了“文化大革命”，自然许多东西被破坏掉了。但是后来改革开放、发展经济，这些东西为什么也没能再恢复并发展起来？这应该说是一个

“谜”，值得我们经济学家和社会学家去探讨。

原因可能是多种的，但从经济的角度来看，我想一个重要的原因在于：像我们这样一个经济落后的人口大国，一旦对外开放、发展经济，整个发展过程就不再是一个自然演进的过程，而会发生“跳跃式”的变化。

我们可以设想一种类似发达国家当年“自发演进”的过程。小酒馆、小茶馆等会一直保持、延续下来。室内环境，酒的质量，外部装修等，会与人们收入水平的提高相应地发生变化，逐步地“提高档次”，人们下酒馆、茶座消费支出与工资收入的比例，也相当地保持在一种稳定的水平上（1/300 也许是一个“自然定律”）。

而在我们的“跳跃式”“二元化”发展进程中，上述情况几乎是不再可能的了。首先起作用的一个因素是发达国家已经出现的高档消费方式会对落后国家的消费者产生极大的影响，这一方面导致许多人会想方设法尽快致富，追上人家的生活水平，从而不再满足做小酒馆、小茶馆一类薄利多销的生意。其次，各种现代消费方式的引入，必然要占用更多的资源、更多的土地、更多的空间，导致城市用地特别是商业用地普遍昂贵，这导致那种与多数人低收入水平相适应的小酒馆、小茶馆也无法有利可图地生存下去。结果有酒铺也只能是昂贵的酒吧；有茶馆也只能是那种为旅游服务的“老舍茶馆”之类的高消费场所，一般工薪收入阶层无法将其视为自己生活的一个组成部分（偶然一去，不是旅游性质，就是“开洋荤”)。于是，一方面是在新的条件下形成了为高收入阶层或旅游者服务的“上档次的”“现代的”“洋味的”酒吧、茶楼、大宾馆，另一方面，普通老百姓不再有经济实惠的消遣之处可去。

这种“二元化”现象，目前其实到处可见。原来的理发馆不再能维持，逐步都变成了港台式的“发廊”，而为普通老百姓服务的则只有路边的理发摊（没有用地成本，也无须室内外装修，不必用高档洗发水）。原来的饭馆都里外豪华装修，原来的家常菜“上档次”成了港式粤菜；在另一方面则发展起了推车销售的盒饭。商店成了商城和名牌精品店，老百姓所需的低档物品，针头线脑都上了地摊、集市。高消费支付得起高成本，低消费的只能由低成本来支撑。这也是没有办法的办法，也符合事物发展的规律，不是个谁对谁错的问题。但无论如何，在所有这些现象中暴露出后进的发展中国家（前提是已经存在了发达国家）所面临的特殊困难：在我们发展初期，可能面临的收入不平等、消费不平等的矛盾会更加严重；我们发展过程的两极化倾向会更强。这种现象也不是什么中国特色，一切后发展国家都会经历这样一个阶段，我们中国人也逃不脱一般经济规律的制约。这也是经济学基本逻辑会普遍适用的又一个具体例证，只不过这一规律具体在哪一个领域里、哪一种消费活动或生产活动中表现出来，在不同的国家或地区中是不一样的罢了。在中国，它的具体表现是我们没有小酒馆可坐下聊天，老百姓理发要到马路边的小摊去……

下一步会怎样？经济学的逻辑不会告诉我们事物发展的具体形式，但也还是能告诉我们一个大致的趋势。高级的东西是不会消亡的，消亡的只能是贫穷。“二元化”的状态不会向“低级的”一元化发展（除了极特殊的“越穷越光荣”的时代），而只会向“高级的”一元化转化。当然，在这过程中，会逐步出现一些新的“过渡形态”，随着人们收入水平的提高而逐步使“高级的”东西大众化。一个已经出现的例子是在大城市已到处可见的仓储式（地下室）平价超市。这种商店里卖的东西已属高档货的范畴，但尽可能地在占地费用、装修费用和人工费用等商业成本上节省，使一般的工薪阶层买得起。在这种店中买东西的人正在随着人们收入水平的提高而变得越来越多，标志着我们的经济正向更高的发展水平过渡。但我还是不知道在近期内如何使老百姓能有一些小酒馆、小茶馆之类的便宜去处，如何使理发摊搬进屋里来使老百姓刮风下雨时也能理发等等。这恐怕也是我们处在转型时期的一种特殊的困难。但我相信到了一定时候，某种过渡形式会自然而然地由人们创造出来，用不着“思想家”们去人为地设计。

1995 年

威尼斯那些未完成的雕像……

意大利，威尼斯，世界著名的圣马可广场，其周围的建筑风格各异。12—13 世纪的建筑，融合着浓厚的阿拉伯色彩，然后是哥特式建筑，然后是文艺复兴时代的建筑。看得出，这个广场就像这个城市一样，是在上千年的时间里逐步建立起来的。威尼斯的鼎盛时期是 11—15 世纪，历时近 500 年，是地中海上的最主要的商业重镇、东西方交汇的入口，是当时最强大的城邦国家，也是现代资本主义的发源地之一，直到后来土耳其帝国的兴起、北方低地国家的强大以及拿破仑的入侵为止。圣马可广场以及它周围整个威尼斯的各种雄伟壮观、绚丽多彩的建筑，记录着这一“水上之城”当年的风光，而不同风格的建筑，也体现着它发展的历程。

广场上的主要建筑之一是当年的市政厅大厦。这是一个大约五层楼的灰白色庞然大物，外表有许多石雕装饰。但我很快注意到，奇怪的是，在最顶层的拱形楼檐上，只有靠左边的最初几个窗户的上端有女神坐像做装饰，而其他还有二十几个窗户上端，只是空空的一个拱形窗架，不再有什么女神的雕像。这使得整个建筑看上去很不协调。于是我问“导游老头”(他的确是个老头，看上去像个退休的教授，学识渊博，风趣幽默)，那是怎么回事。他抬头看了看，平静地回答说：“还能是怎么回事，政府没钱了呗！这楼是14世纪末开始建的，政府财政那时已经开始捉襟见肘，又要打仗，所以一直拖拖拉拉，有一点钱盖一点，盖了几十年，到最后要赶快完成，钱又不够，只好省下了这些作装饰用的女神雕像。”他又指了指广场另一头的一个建筑，说：“那是拿破仑在位时建的，第一层的大舞厅是拿破仑计划招待贵宾用的，还没建好，滑铁卢战役已经打完了，所以不仅拿破仑从来没用过它，它的内部甚至都没有进行任何像样的装饰，也是因为政府不再有钱。”

原来事情就是如此简单：政府没钱了，只有压缩基本建设开支。作为经济学者，这可以说是个一加一等于二的原理。但作为一个中国人，作为一个在中国的体制环境中生活惯了的中国经济学者，我听到了这个关于政府没钱了盖不完房子、盖了房子也不能进行装饰的故事，还是感觉到有点新鲜。过去，在我们传统的计划经济体制下，政府虽然要受资源的约束，也不能想做什么就做什么，但只要政府计划要做的事情，总能调动各种资源把它完成。像几个雕塑装饰这样的事，大不了就是从哪个省调几块大理石来，再调来几个工匠，不管多长时间，干完就是了。即使在现在，改革开放十几年之后，我们的政府仍然拥有很大的资源配置的权力。

有多少钱办多少事，这就是经济学上所谓的“预算硬约束”。或者，再换一句话说，就叫作“不超支”“不透支”。经济学上那个颇为“玄乎”的概念，其实就是这么一个简单的、日常的事情。与之相对应的概念，就是所谓的“预算软约束”，也就是超出自己“收入预算”、财政能力而花钱，“超支”“透支”。

前面所说的威尼斯市政府没钱了就不盖房子、不修雕像，是一个政府预算硬约束的一个比较极端的例子。之所以这么说，是因为它不仅没了钱就不再盖房子，而且也没有进一步从民众中收捐收税，集资筹款，用扩大其预算收入的办法来扩大其支出。在这种情况下，我们就可以说，这时政府的预算约束是“绝对硬的”，或者说，它遇到了资源约束。这或是因为再征税老百姓就无法生活；或是因为当时的社会矛盾所决定政府已无法再从老百姓那里征税（尽管老百姓手中有钱）；或者是因为有比盖房子更重要的支出项目（比如战争），可征的税必须全部用于那些项目。这就是说，所谓资源约束其实不只是一个物质的或自然的概念，也是一个社会的概念，一个利益冲突的概念。

如果是另一种情况，政府没钱了就进一步去征税、集资。这种情况下，政府的预算约束已经是可以扩大的，并可能引起社会冲突（纳税人的反感或反抗）。但这种情况中至少有一点还是好的，就是不会引发通货膨胀。原因在于：增加税收，意味着把别人的钱拿过来我花，而别人这时就只好少花钱或没钱再花，是社会中“真实收入的转移”。社会的总支出或总需求还是不变的，所以不会引起物价的普遍上涨，即通货膨胀。从这个意义上说，在这种情况下政府的预算约束仍是硬的，它要想多花钱，只能多收钱（或拉人来为其完成雕像），而不能透支。

再一种情况则是一种“现代情况”了，也就是在货币（纸币）经济或信用经济的条件下所发生的真正“预算软约束”的情况：政府没钱了，就多印钞票或向中央银行透支（中央银行则增加货币供给）。在这种情况下，经济中没有因税收增加而发生收入的转移（从个人到政府之间的转移），而只是长出了一块名义收入；而这就导致了社会上总的购买手段从而总需求的扩大（总需求的定义就是社会上购买能力的总和）。需求的增大，会在一定范围内“拉动”供给的增加，即生产的增长，但在一定时期内，社会生产能力的扩大是有限度的，到一定程度，物品的供给就会停止增长。这时，扩大了的总需求遇到了无法再扩大的总供给，结果怎样呢？在产品价格无法变动（被固定死）的情况下，便是短缺，即有钱买不到东西（这是我们在计划固定价格的年代经常发生、常年发生、摆脱不掉的情况）；在价格可变动的体制下，一定发生的便是通货膨胀，也就是那更多的钱不过是花在购买同样那么多的东西上。这种情况，我们可以称为真正的“预算软约束”，因为约束的这种软化，不仅导致收入分配的变化，而且导致宏观经济运动的变化，导致短缺或通货膨胀。

即使政府只靠多发货币而增加支出，当然还是发生了收入分配方面的变化，因为这最终导致通货膨胀，导致人们手中货币收入的实际贬值。这在理论上称为政府征收了通货膨胀税。当然，这时政府的实际收入也并没有开始多发票子时想象的那么多，因为物价水平都涨了，同等的货币都贬值了。

时至今日，我们的经济体制已经发生了很大的变化，政府更加自觉地约束自己的收入与支出行为。比如说，《预算法》规定国家财政从此以后不得向银行借款透支（没钱了出现赤字，只能发债券即向公众借钱）。从这个意义上说，政府今天的预算约束已经比过去“硬”多了。但是，我们今天为什么还有通货膨胀？前面的分析着重说的是政府行为，其实最一般的道理在于：通货膨胀之类的事情发生，一定因为经济当中某些人“多花了钱”，或者多花了钱而没有生产出更多的东西来，导致名义收入的扩大快于实际收入（生产、供给）的扩大。想想我们的企业大量亏损，银行坏账大量增加，再加上大量生产出来但卖不出去的库存，再加上在经济过热时期各地银行盲目拆借导致货币供给的扩大，通货膨胀显然还是有些人在我们的经济中搞“预算软约束”造成的。

记得1987年我在哈佛大学曾经就预算软约束问题请教过当时在那里讲学的匈牙利经济学家科尔奈教授。科尔奈是最先广泛运用“预算软约束”概念的人。我问他：国有企业的行为特征是预算软约束；但如果这种软约束的背后是政府对企业的保护，而且结果是宏观经济变量的变化即短缺或通货膨胀，那么能否说政府也是预算软约束的？他回答道：在这种情况下政府本身当然也是软约束的；但毕竟，政府对宏观经济状况负责，要关心通货膨胀问题，而企业则不在乎这一后果。我想他的话是对的。从我国的情况看也是，政府本身的约束反倒容易硬起来，因为它要对通货膨胀负责，而企业的约束则要更难一些。而现在已经到了这样的时刻：政府应该从自身利益出发，也就是从社会稳定、取得低通货膨胀这样的目的出发，来考虑深化国有企业改革即改变企业行为方式的问题了。

1996 年

理发、洗发、国民生产总值

陈欢件先生：

你好！来信提出了一个相当有趣的理发问题。让我来试着分析一下，看看经济学在这样的问题上究竟能否具有说服力。

你的问题的核心是如何看待“理发者本身所付出的时间”，是否也算作一种“服务”或劳动。这个问题看起来很“小”，其实也很“大”，因为它涉及如何计算国民生产总值的问题；如何理解经济增长的问题。从中也可以看出理论本身发展的轨迹。

让我们先从理发这件事本身说起。

对一个人来说，有一个干净整洁的外表，一个不令人厌恶的发型，这件事（这个物品，即 goods）其实是“挺贵的”，他要为此付出两样东西：一是对理发师的劳动、手艺等等付一定的费用；二是自己要付出一定时间，坐到理发店去理发。前者，即理发师的劳动，“值多少”很容易衡量，因为它形成交换价值，可以说就是所付出的那笔钱。问题在于后者，即理发者本人的时间如何衡量？其实这部分时间也是有价值的，从根本上说，它的所值就是他花这段时间生产出“自己的美容”所能给他带来的幸福。如果用别的

“外在的”东西来衡量，则是这个人用这段时间干别的事（比如他自己的专业工作，假如有的话）所能创造出的价值，也就是经济学中所说的他这段理发时间的机会成本。对于一般人来说，八小时工作时间一般不会去理发，而只是占用一段休息时间。在这种情况下，理发的机会成本也不是“钱”，而是他不去理发而去玩、休息、运动等等所能为他带来的乐趣或幸福。理论上说，只有当去理发所能带来的幸福（边际幸福）即干净整洁所能带来的愉悦，大于其他事所能带来的幸福时，一个人才会去理发。

由此马上可以解释为什么有人会不修边幅。这里的基本原因就在于这种人对干净整洁这件事的评价相对不高（请注意“相对”二字），头发长点无所谓，也不在乎别人怎么看，而对其他休闲活动所能带来的乐趣评价较高。或者，对某些特殊的人来说，比如说那种一天24小时除了吃饭睡觉就是工作的“工作狂”来说，他认为他的时间是如此宝贵，不去理发而去工作或干别的就能创造出更大的价值（包括可能赚更多的钱）。但无论如何，在以上两种情况中理发这件事对一个人的“效用”相对评价越低，而理发的“机会成本”越高，那个人的头发就会越长（越脏?），就会越发显得“不修边幅”。显然这是个因人而异的事，因为这一理论完全不否定相反的情况，比如有的“名人”由于对形象高度重视，尽管很忙，理发却可能比别人还勤。

不过人与人的这种差别只影响到不同人对待理发这件事的态度不同，而不会影响到理发师劳动的社会价值。理发者的机会成本只是他本人的一种私人“交换”，只是他个人的“私人价值”，而理发师的劳动则进入社会交换，接受社会评价，由市场供求关系、理发师的一般训练成本等社会因素所决定，不管是谁来理发，该付多少钱就付多少钱。

这样我们就可以首先明确，不存在所谓理发师对理发者（即所谓“协同生产者”）进行补偿的问题。手艺差的理发师谁都可以少给钱，但并不因为理发对象是个“工作狂”或“名人”，就要反过来对其进行特别的补偿。那是个人偏好问题和私人价值问题，是理发这件事在理发者自己的偏好体系或评价体系内所处相对地位的问题，所以只由他自己去“衡量”、去“补偿”。

接下来的问题就更复杂一些。既然一个人去理发付出了两样东西，却出现了不同的情况：他付给理发师的钱，算作理发师的产值，在社会上值钱，而他自己付出的时间却不值钱（钱的概念本身是一个社会产物），没有社会的价值，不算作他的社会产值，不计入GNP，这里边的道理又何在？

其实这也是一个很普遍的现象。理发这件事还有点特殊，因为一般说来人不能自己给自己理发。为了更好地说明道理，我们换一个例子：洗发。现在真的有人去理发店不是为了剪发，而只是洗发；而洗发这件事原本是自己可以做的，用不着花钱请别人去做的。自己做的时候，也是不计“社会价值”的，不计入国民生产总值一类的范畴；而一旦自己不做了到外面花钱请人做，所支出部分就会计入总产值。生活中这类事情其实不少。比如自己做饭不算产值，到饭馆去吃就有了“产值”。不仅是“服务”，物质生产方面也是这样，自己花园里种的菜养的花自己享用了，一般都不计入国民生产总值，拿到市场上去卖就要计入产值等等。

这一现象说明了什么？它说明了以下一些问题：

第一，人类从自给自足的自然经济中走出来，进入市场经济，在“市场化”的那个特定过程当中，用国民生产总值等市场经济概念计算的“经济增长”，其实包含着一部分经济活动“社会化”的过程，即由自己做转变为“花钱请人做”的过程。这种社会化的过程当然是一种进步，因为它包含着总福利的增长：到理发馆洗发的人多了一点享受（即使不算由专业人士洗发使其质量更高的问题，洗发者至少也取得了“省事”的好处，这是他到外面洗发“总收益”的一部分），同时又使另一些人（理发师们）的收入有所提高。

第二，我们通常所说的价格、国民生产总值之类的概念，本身是一个社会性的、市场经济的概念。特别是国民生产总值的概念，严格地说只是一个市场经济的概念，而且是市场经济发展到一定阶段之后才逐步形成的概念，因为它只计算一切经过交换、“销售”之后被市场所承认的社会价值量，而不包含经济中许多“自给自足”的部分。就物质产出而言（暂时不谈服务），在自然经济成分较大、市场经济还未充分发展的时候，全社会的“新增物质总产出量”与“新增交换总价值量”（即国民生产总值）的差别还较大，人们就会更多地从物质总产量的角度看问题（这就是我们过去所用的“工农业总产值”概念的特点之一），这时大量用于自给自足的产品（如农产品）还要计算，不然的话许多经济活动就无法包括在社会统计之中（在经济发展的这个阶段上，人们的概念最容易发生混乱，也会出现各种不同的理论）；而当自给自足部分已大大缩小，绝大部分产品都是为社会生产并进入交换过程的时候，人们就会改而使用国民生产总值这样的概念了（在此我们是否可以看到经济理论的发展与经济实践发展的关系，同时我们是否也可以注意到如果我们还是停留在100~200年以前形成的理论上，我们就一定是落后的)。

第三，由此也就说明，国民生产总值这一概念并没有包括所有的物质产出，更没有包含所有的“消费”或“享受”，它只是一个“指标”，在一定程度上标志着经济发展、社会进步。随着经济市场化的发展，国民生产总值已经越来越多地涵盖了人们的物质消费与“服务”的消费，但也可能包含着总“福利”或总“幸福”中更小的一部分。这里涉及的另一重要因素即所谓的“闲暇”。任何经济指标都无法包括人们大量享受的“闲暇”。因为所谓“闲暇”严格地说就是“不花钱地玩”，或者干脆就是“闲待着”(连洗个发也要到外面去请别人洗)。而经济发展、社会进步的一个重要标志可能就是闲暇的增加，而没有任何物质产出或服务的增长。比如一个国家假若国民生产总值不变，而人们的休息日从每周一天变成每周两天，人们的闲暇相应地增长一倍，社会福利显然增加了，但这并不能从国民生产总值这样的指标中显示出来（这并不是说像“工农业生产总值”之类的概念就比国民生产总值的概念更好，因为前者除了有其他种种缺陷之外，也不可能包括闲暇或家庭中的自我服务)。总之，我们通常所用的经济指标，都不能完全地反映我们的真正的“生活质量”。这也是为什么第一我们要用其他许多指标来反映社会的进步、经济的成长、生活的改善、福利的增加；第二，人类总是在那里不断努力，力求创造出一些更具有综合性、更全面地反映各方面生活质量的指标。比如，最近这些年联合国开发署组织各方面专家共同研究发展一种被称作“人类发展指数”(Human Development Index)，把国内生产总值、教育水平、健康水平（期望寿命）等三种主要因素用某种方式结合在一起形成一个统一的指数，来衡量人类生活质量的改进。其实，从理发这个例子中也可以看出，今后或许还可以做更多的事情来衡量人类生活中更多的内容，包括“外表美”这样的东西。

以上所分析的问题，应该说在现代经济学中已经有了一些相应的理论和方法来进行处理。由此可见，多学一点现代经济学，可能不仅能使我们更好地理解经济社会中的许多大问题，也可以更好地理解我们生活中面对的许多小问题，甚至更好地理解我们自己：我们自己的行为方式和所作所为。

我希望以上的分析回答了你的问题。

1996 年 6 月 11 日

附：

尊敬的樊老师：

您好！

作为一个经济学爱好者（或说“迷”），您自然成了我的偶像。只因入“迷”时间尚不长，面对一个小问题，却想不出一个结果来，于是鼓足勇气向您讨教（以前一直怕会因此浪费您宝贵的时间而没有勇气）。

问题是这样的：当理发师为我们（顾客）理完发后，我们所付的钱，其中是否包含着理发师的“劳动时间价值”？按照劳动价值理论，这应该包含在其中。由于理发（服务）的生产、交换、消费是在同一时刻进行的，理发（服务）的生产是理发师与我们（顾客）共同完成的，我们的配合是促成生产完成的重要因子（不单从消费对生产的影响这一角度理解)，也就是说，我们是服务的协助生产者，但我们在理发时所费的时间该怎么处理呢？虽然，大多数中国人的时间“很不值钱”，但对于一些废寝忘食（甚至忘理发，如在写《平凡的世界》期间的路遥）者，这些时间也是很“值钱”的（这是否也可以解释成他们不修边幅的原因？)。我们（顾客）协助生产“服务”时的时间价值是否需要补偿呢？如需补偿的话，其方式和定价标准又是怎样呢？当一个手艺并不高明的理发匠为那些废寝忘食的“名人”服务时，因此是否能推出理发匠可能要“倒付费”给“名人”的现象？(剔除理发匠考虑到“名人”可能为其带来的广告效应而免费或倒付费为其服务的情况。）而这在现实中是不曾发生过的，那么就有这样一个推断：我们（顾客）协助生产“服务”的地位是不存在的，且我们为消费“服务”所费的时间是没有交换价值的（废寝忘食的“名人”也不例外)。因为老是对这个“推断”持否定的态度而又找不出别的解释，以至对“劳动价值理论”(我理解的“劳动价值理论”很不全面且不准确)都有了很大的不信任，因为用“供求理论”好像很好理解！

樊老师，知您在《经济导刊》杂志上辟有“经济沙龙”一专栏（我订阅这本杂志就是想看您的大手笔)，不知能否就我幼稚的困惑作一解答。我将不胜感激。

近日重读您的《“苏联范式”批判》，很是过瘾。

期待着您的答复。

顺致

好意

陈欢件

1996年5月28日

创新、制度与规律
——关于企业家的若干经济学原理

一、企业家与管理者：艺术还是科学

按照熊彼得的定义，企业家的核心品质是创新，是开拓、开发和创造新的产品、新的市场、新的技术、新的组织（包括管理方法）的那种“创新精神”。是捕捉新的市场机遇，把原来不相干的要素或原来不形成有用物的各种要素加以组合或重新组合，创造出新的有用物（物品、服务等）。

企业家不等于管理者或经营者，后一个概念更强调的是按照一定的规则保证某种经济程序产生出预期的成果。但在现实中，好的管理者、经营者之所以有成就，很大程度上是因为他们富有创新精神；而企业家要想使其创新变成能够实现的利润，也必须善于管理（至少是善用管理人才）。所以我们现实中所用的企业家的概念，实际上比理论上的概念定义更宽一些，它也包含着管理的能力。

这里我们就遇到了人们经常混淆的问题：管理学究竟是一门科学还是一门艺术？有人说是科学，有人说是艺术。其实，现代管理学是试图同时教授两样东西：第一，如何在市场经济中当一个企业家；第二，如何管理好一个企业。企业的活动的确是艺术，因为那是灵感、勇气、想象力等构成的创新活动；而管理则可以构成一门科学，它可以用确切的数学来加以表示并进行检验，在实践中需要

用严密的方法加以实施。现实中的许多企业经营者由于事实上身兼两任，所以可以说既是艺术家又是科学家。这正是现实中的企业家与一般的艺术家的不同之处：后者可以只有浪漫的想象，而前者必须有科学精神。

二、传统体制下有没有企业家？

不少人说，企业家只有市场经济中才有，传统的计划体制没有企业家。其实也不尽然。

企业家的概念，从“创新”的含义上，可以普遍地加以利用，政治学中把政治家也称为“政治活动的企业家”，因为他们同样要通过创新（新的理念、新的政纲、新的竞选策略、新的人事组合、新的体制结构等）把过去不相干的要素组合起来，办成过去办不成的事。从这个意义上说，政治家也是一个企业家，也需要艺术性的创造活动，只不过不是以经济利润为活动目的罢了。

在传统体制下，那些能干的厂长经理，之所以被我们大家认为“能干”，也是因为他们富有创新能力——在那么一个错综复杂的官僚化的计划体制中，他们居然能把事情办成，把章子盖下来，把资金搞到手，没点想象力，没点“变通能力”，没有在上上下下的人际关系上创新、发展的本事，是办不到的。在那样一种“铁饭碗”“大锅饭”“平均主义”的体制下，工人都缺乏努力工作的激励（包括惩罚），而有的厂长经理就硬是通过各种手段使大家能够认真工作，使工厂秩序井然，没点组织结构和人际关系上的创新能力，也是办不到的。

到了今天，我们一方面有了发展初期的市场，另一方面很大程度上还存在着政府控制的国有经济体制。在这种双轨体制下，要当好一名国有企业的厂长经理（这里的“当好”，也就是使企业有利润。否则的话，混个国企厂长当当，连年亏损，也没什么难的）更是得有点创造力，因为他一方面要对付庞大的官僚体制，另一方面要应付市场竞争，要捕捉两种体制下的机会和两种体制之间缝隙中的机会，要避开两种体制下的成本和两种体制摩擦产生的成本，真得要有十八般武艺。你可以说在不同体制下企业家有不同的行为目标、行为方式和体制约束；你也可以说搞市场经济我们必须有适合于市场经济的企业家；你也可以说过去的厂长经理所熟悉的那一套不是市场条件下企业家应搞的一套，今后不再适用等；你也可以更严格地区分和定义计划体制下的企业家和市场经济下的企业家，但无论如何，他们都得具有创新精神，用“具有创新精神和创新能力”这一基本要素来衡量，两者具有共性。

不同体制下的企业家，当然行为方式不会一样，甚至还得有不同的偏好以至不同的品质。比如，在传统体制下，当一个好的厂长经理的一个特殊要求是有“对国家的忠诚”或强烈的为国为民服务的利他主义精神，最多是“只求名，不求利”“只想当官，不想发财”，因为在国有制企业的体制中，相对的平均主义，“考虑左邻右舍”等是国有制的所有制关系的内在逻辑决定的，企业的厂长经理不可能像在市场经济中的私人企业或公司中那样根据其业绩获取高额的经济报酬。作为“国家干部”，作为政府任命的国有企业的厂长经理，他可以取得很高的荣誉，可以被提升到更高的政府级别上去，可以去当部长、总理并因此而享受一些特殊待遇，但个人货币收入却很难与其他人有明显的差距。或许，在较坏的情况下，一个国有企业的厂长经理可以用公款吃喝玩乐，但在工资、奖金等分配问题上却很难多拿（大腹便便可以，两袖必须清风）。笔者不相信国有体制不改，这种情况会有根本性的扭转。而这就要求国有体制下的企业家与市场经济下的企业家具有不同的偏好。这也可以说是我们在现行国有制体制下选择国有企业厂长经理所要考虑的特殊问题。

三、企业家的成功：审时度势与着重规律

以上我们事实上是将企业家作为创新精神的代名词加以利用。但创新不等于空想。成功的企业家可以说是成功的幻想家，因为他的幻想或猜想并未脱离实际，符合了客观规律；而许多人一心想创新，最后一事无成，是因为他想捕捉并不存在的机会。

这似乎有点“成者为王，败者为寇”的味道。但这的确表明企业家的事业是充满风险的。如果人们有 100% 的把握知道事情的结果，那已不是什么创新了。因为创新按照定义就是去尝试前人没做过从而大家都还未知的事情。正因如此，一切成功都包含着机遇或运气。这也就是为什么许多企业的门前都供着佛龛，许多成功的企业家都承认其成功是努力加运气的结果。

当然成功并非全靠运气。理论上说，还是有办法提高成功的概率的。要想做到不空想、不蛮干、不是整天的瞎折腾，一个重要的条件就是多了解一些历史上别人成功的经验，多一些关于客观规律的理论知识。比如，市场经济几百年，一个颠扑不破的客观规律就是专业化竞争最有效率。现代经济学开山鼻祖亚当·斯密两百多年前写的《国富论》开篇讲的就是分工与专业化，构成了现代市场经

济的基础，构成了生产力不断提高、效率不断改进的基础，一切“横向联合”或“纵向联合”、多元化经营等等都建立在这种专业化分工的基础之上的。而一些年来我们的许多企业家，却不断地“创新”——事实上是不断地闯入自己不熟悉的领域，以为自己可以无所不能，结果搞得摊子铺得过大，顾此失彼，在哪个领域里都不具备专业上领先的能力，最终哪个都成不了气候甚至一个一个被人家排挤出来。在市场发展初期，到处还都有空缺，似乎哪里都能赚钱，用不着专业知识，这种“横向创新”似乎还可维持；一旦市场竞争发展起来，这种没有专业的三心二意的冒险家的弱点就冒露出来了，才知道专业化的必要。世界上成功的大企业，都是兢兢业业在一个领域里不断完善又不断创新，才能占稳市场份额，形成百年老店，立于不败之地。这里面是有规律可循的。

所以说，创新容易，只要想象力丰富；而成功的创新就不那么容易了，它得符合市场经济的规律，符合科学技术进步的规律，符合社会进步的规律。

中国的企业家，经过市场经济发展初期的几番折腾，正在开始反思过去、探讨未来，从而也更加注重理论的学习和经验的观察。遍地书摊上有那么多关于经营管理、市场营销、企业家战略、经济学知识的书籍成为畅销书，正是这一过程的反映。从一味地“造势”“铺摊”“冒险”，至学会审时度势、尊重规律，正是企业家走向成熟的过程，是更多的成功企业家产生的过程。而中国成功的企业家多了，也就会有更多成功的企业，整个经济也才能更加成功地发展。

1998 年 7 月 6 日

第六章

经济学那些事

“皇冠上的明珠”

《经济学消息报》的编辑命我写一专栏。无论对报纸还是对我本人，这应该说都是个“新事物”，只是不知我能否写得好，能否坚持得住，能否不辜负编辑的厚望，不“倒了”读者的胃口。经济学的一大理论要素就是“风险”。就请编辑、读者和我一起冒一次险吧！

我想就从最近经济学的一个“消息”说起。

1992 年经济学界的一大要闻，是美国芝加哥大学经济系的贝克尔获得了诺贝尔经济学奖。如果说其他人获奖的主要原因是“深化了”经济学，贝克尔获奖则主要是他“拓宽了”经济学，把经济学的一般原理应用于人类行为的各个领域，从结婚生育到子女抚养，从家庭结构到社会教育，从夫妻离婚到抢劫犯罪，从歧视行为到利他主义，都有了一套严谨的理论模型来加以分析，并得出了一系列常识无法论证的结论，形成了像“歧视经济学”“离婚经济学”“犯罪经济学”这样的领域以及学术专著（请注意，“离婚经济学”不是鼓励离婚，“犯罪经济学”不是研究如何犯罪，就像“短缺经济学”不是为保持物品短缺一样）。美国经济学界中，对贝克尔的贡献，其实褒贬不一，特别是一些学院派理论家，虽然不否定他有所贡献（特别是关于人力资本理论的分析），但不少人认为有些东西具有雕虫小技的味道。笔者在美国曾与一些经济学家谈起贝克尔的著作，好几次都从对方脸上看到一种不屑的神情。在一些人看来，贝克尔的研究，主要是将经济学中的基本原理，应用到各个领域中去，而应用相对说来总是容易些，更何况像婚姻、犯罪这样的领域，对某些“严肃”而不愿“取巧”的经济学教授来说，只是“不去”应用，而不是“不会”应用罢了（笔者自己曾写过一篇题为《“治学经济学”胡侃》的文章，试图用经济学的一般原理，分析一下“傻博”们的行为，登在《大学生》杂志上，没敢投到学术刊物上去充当学术成果）。贝克尔得了奖，我想那些教授一定会发感慨：诺贝尔奖是不是“容易了点”?

贝克尔或许并不那么伟大，但无论如何他的工作却表明了经济学的伟大。他进一步证明了经济学可以用来分析人类的一切行为或人类行为的一切领域。这其实也正是他获奖的真正原因。在贝克尔之前很早就有人指出过广义上经济学不是仅研究人类物质生产与交换的科学，而是研究一切人类行为与效果的科学。所谓“经济”的概念，就是如何以最小的代价，取得最大的效果；就是如何在各种可能的选择中，也就是在各种主观与客观、自然与人际条件的制约下，选取代价最小而收效最大的那一种选择。从经济学的角度看，社会科学以至人文科学的一切领域，都是以经济学的原理为基础的：政治、法律本身是为了解决经济利益冲突而存在的；历史说到底是经济发展的过程；而文学则是表现经济学的一大理论要素，即人的偏好（性格）的复杂性、多样性以及它在决定人的行为中的作用；哲学当然更加形而上一点，因为它首先要解释人的起源问题，但无论如何，亚当、夏娃一旦走出伊甸园，他们就一定要按经济学的规律办事。在一些经济学家的眼里，社会科学中的其他一些学科，要么因其不能解决吃饭或如何吃好饭的问题，是无用的；要么因其只能做经济材料的搜集与归纳而不能做逻辑推理（不能应用于数学），是缺乏“科学性”的；要么不过是经济学的一个分支、一种应用。我们当然不必如此“狂妄”，但我们也的确可以为选择了经济学这样一个“职业”而感到欣慰。西方经济学界流传着许多经济学家嘲讽或自嘲的笑话，但也流传着这么一句近乎“肉麻”的颂词：经济学是社会科学“皇冠上的明珠”。我们大可不必躺在这一颂词上沾沾自喜，但至少——回到现实中来，我们也不必羡慕别人“下海”：穷是穷了点，但一顶虚无的“皇冠”所能提供的精神满足也可能是这一职业的一种收益吧！

1992 年 12 月 10 日

从经济学界的两位“诗人”说开去……

如果没有失敬之嫌的话，我要说我国经济学界有两位“诗人”（当然或许远不止两位），一位是戴园晨，一位是钟朋荣。他们不一定真的写诗，但是形象思维特棒，经常能对经济学的问题、观点、理论，做出非常精彩的比喻，妙语惊人。比如戴老有一绝妙的“肥猪理论”，比喻我们有些人对待个体、私人经济的态度，像是对待“肥猪”的态度，因为在那些人看来，我们只是在现阶段“利用”这些经济成分，就像是在养猪：你在现阶段还不肥，我不杀你，还要继续养着，待你肥了，便有一个取刀来宰的问题了。钟朋荣无论是文章还是聊天，也经常是妙语连珠。前几天一次会后，聊起现在的政府官员，他说可以按其工作的性质分成两类：一类是生产“阳光和空气”的，由于阳光和空气任何人都可以随意索取，用不着向生产出它们的人“买”，所以这部分官员还是很清贫的，只有权而没有钱；另一类官员的工作性质属于生产“面包与水”的，而面包与水就有一个给谁不给谁的问题了，更由于它们是稀缺物品，就要由人们来“买”了，于是就存在着“腐败”的可能，这类官员中也就不乏大腹便便之人，以至在业余时间要很好地研究如何消除“脂肪肝”的问题。

“阳光”如果是“生产出来”的话，便可算作一“公共物品”，因为它不具有消费的“排他性”：只要太阳出来了，你“晒老阳”，我也能“晒老阳”，就像路灯，只要它站在那里，可以为你照明，也可为我照明，并不因它为你照了明而不能为我照明（路灯是更严格经济学意义上的公共物品，因此它是人们生产出来的，有稀缺性，而阳光则是无须生产的非稀缺的“免费物品”，严格说来不属于经济学研究的对象。公共物品的其他例子还有国防、公安、制度、环境、宏观经济稳定政策等）。而“面包”，则可以说是一种典型的私的物品（通常称作“私人物品”，我们这里为了避免误解，换一种说法），它不一定是“私人”生产出来的，但它具有消费排他性：你吃了一个，我就得吃另一个，而不能再吃你的那一个；你若吃光了，我就不再有面包可吃。公共物品由其特点所决定，有一个大家谁都愿享用但又谁都不愿意为其生产支付费用的问题，由此会生出谁来提供公共物品的问题，并由此产生了政府和公共财政，产生了官员或官僚体制等；但是，公共物品一旦生产出来，却没有一个分配的问题，因为由其性质所决定，它可为大家所共享。私的物品则不同，它既有一个由谁生产的问题，也有一个如何分配的问题——这个特别地给你吃，那个特别地给他用。

公共物品迄今为止一般都由公共机构如政府来组织其供给（这样总的来说比较有效率，尽管经济学家们仍在探索其他更有效率的方式），无论是公有制占主导的经济还是私有制占主导的经济，都是这样。私的物品的供给则可以由政府组织供给，也可以由私人在市场机制下进行供给。如果是前者，那就是公有制经济；若是后者，便是私有制经济。问题在于，公共机构组织某种产品的供给，显然为腐败提供了一种条件，因为所谓腐败简单地说就是“以公权谋私利”，一有公权存在，便出现了腐败的可能。但是，区别在于，对于公共物品（比如路灯）来说，只是在一个环节上存在一种腐败的可能，即在公共物品的生产组织过程中滥用权力、挥霍公共财产，在批包工程过程中搞权钱交易，等等；而对于私的物品（比如面包）来说，则是在两个“环节”上存在着两种腐败的可能：一种是在其生产组织过程当中存在着以权谋私的可能，另一种是在物品分配过程当中存在着的权钱交易可能，因为作为私的物品，由其消费的排他性所决定，必须分配给个人，于是在给你与给他之间，便出现了一个公共的分配权（或者供销权）与私人的金钱相交换的可能。在一个由国营企业或国营商业单位分配或销售私人物品的经济中，不仅大小官员，甚至售货员也能“受礼”，看仓库的也能受贿，就是这个道理。

这样，我们就不难发现，如果在一个经济体中，只有公共物品以公共的方式供给，那么我们只有一种腐败的可能；而若私的物品也以公共的方式加以提供，我们一下子就有了三种腐败的可能，即还要加上在私的物品的供给过程中生产环节与分配环节上出现腐败的另外两种可能。再进一步，由于任何经济中，可算作公共物品的只是少数，私的物品总是大多数，因此如果私的物品也以公共的方式加以供给，腐败的可能性，便会以几何级数成倍地增加。总之，腐败的可能性，随着以公共方式供给的私的物品的数量的增加而增大。

存在腐败的可能，并不等于必然存在着腐败。但问题在于，腐败的可能性越大，防止腐败、消除腐败、杜绝腐败的成本就越高，反腐败就越难，政府官员的廉洁就越不容易做到。打个比方说，在一个有十倍的物品由公共机构加以供给的经济中，“廉政公署”的规模至少也要大十倍，才能保持同等的廉洁程度。光靠“宣传教育”不能清除腐败，还要靠各种监督、检查、“运动”、执法等，而这些都是要投入人力、物力的（宣传教育也是有成本的，至少得增加宣传教育的工作人员）。

这就是“钟朋荣比喻”的要义所在：如果我们的政府官员都是仅仅在那里提供“阳光与空气”，我们的社会中便不会有那么多的腐败；而要想清除我们社会上那么多的腐败，根本的办法不是“严打”，而是改一改体制，减少提供“面包与水”的公共机构（国有企业在经济学的意义上也是一种公共机构）的个数，把生产与分配“面包与水”的事，交还给个人与市场去做（这才是真正的政府转变职能）。总之，消除“公权与私利相交换”现象的根本办法，不是费劲巴拉地去消除那个“交换”，而是要减少那个“公权”；以私权谋私利（前提是有私权）的人越多，以公权谋私利的事会越少，那些少量存在的公权也越容易受到有效的监督。

不知钟朋荣自己是否同意我由他的比喻所产生的这些联想。

1993年8月24日

美国制宪斗争背后的经济学

几年前曾读过美国历史学家查尔斯·比尔德的著作《美国宪法的经济观》(此书直译应名为“对美国宪法的一种经济学解释”)。在这本写作于20世纪初的著作中，作者独树一帜，用经济利益与经济利益之间的冲突来解释美国宪法形成的历史过程。这种理论的提出，纠正了当时广为流行的一种观点，即认为美国建国时的制宪斗争，是“尊重各州的权利”与“主张有一个强有力的中央政府”两种“观点”的斗争，是“慎思的具有民族思想的人士”与“褊狭的具有地方思想的人士”之间的斗争。比尔德研究所证实的是：“许多开国元勋都认为关于宪法的争执主要是由于经济利益的冲突，这种经济利益的差别多少带有地理的或区域的性质。”当时读到这些论述，并不觉多少新颖之处。作为一名从小接受马克思主义阶级斗争理论（阶级无非是大一些的、较为“自觉”的利益集团）教育的经济学者，理解这种观点是很容易的，反倒奇怪那时的人们怎么竟对这一显而易见的道理看不见，还有那么多的异议。同时，又觉得二百多年前在美国发生的那些事情，与我们现在所面临的问题关系不大。

今年年初去美国研究访问，第一次到了美国宪法的诞生地费城，参观了当年美国“开国元勋”们讨论并通过美国宪法的独立大厦，以及那间13州代表讨论宪法草案的议事大厅。讲解员是一位二十多岁的青年男士（根据其谈吐风度，我猜想是来此打工的大学生或研究生），指着那些中世纪的桌椅、烛台、鹅毛笔，向观众们叙说当年发生在那里的故事，顺便说道：当年的美国，就像现在的俄国，一片混乱，充满了各种复杂的冲突；当时在这些桌子后面坐着的人们，代表着各州、各种利益集团的利益，通过长期的争执、讨论，最后找到了走出混乱的和平和稳定的道路。那句“就像现在的俄国”，显然是他的“发挥”，不在事先写好的正式解说词之内，但正是这句话，引起了在场游客的共鸣，使那些古迹，更具有了现实的内涵，也使我再次想到了比尔德的著作及其他所阐述的“利益冲突决定论”的永恒意义。

真正的经济学家，不会对利益冲突大惊小怪，不会试图“教导”人们不要为自己的利益而斗争，在对手面前避让三分；经济学家关心的问题只在于找到一种“最优的”调解利益矛盾的方法，使每一方的利益达到“可能的最大”（这是均衡概念的本质含义——均衡的含义绝不是有人理解的那样是“总需求=总供给”），并尽可能使各方利益的总和达到最大，避免两败俱伤（负和博弈的结果）。解决利益矛盾冲突的方式是多种多样的，长期争执不休，谁也不妥协让步，社会长期陷于混乱，早晚也会在混沌中“磨”（以至“打”）出一个结局，但这也一定伴随经济的巨大损失，生产停滞、收入下降、资本“外逃”等。不承认矛盾对方的利益，凭借一时的权力压制对方争取自己利益的行为，把对方的利益强制性地拿来一块，矛盾暂时得到缓解，但并没有得到解决，或早或晚冲突还要爆发，还得再找出路，因此，也是下策。从美国宪法形成的历史中可以引出的对我们现实生活相关的一个经验教训就是：大家还是坐下来谈判，脸红脖子粗地争吵一通为好，哪怕这一通要花费几个月或一两年或更长的时间，争议出一套调解矛盾的规则和方法，一定在经济上更合算一些。认清和承认矛盾对方的利益，好好摆一摆各自的利益，求一折中的妥协方案（这也就是达到了“均衡”），才能使经济在一稳定的制度框架内有效地运行。在此过程中，找出一套以后在遇到矛盾冲突的时候可以遵循的调解矛盾的规则，比找到一种当时解决问题的具体方案，要更加重要。规则即制度；有了一套长期有效的规则，经济与社会便有了长期稳定与发展的基础与保障。宪法就是一套最基本的规则，构成基本的制度；日常各种经济社会问题好解决或不好解决，都能从宪法的结构中找到原因，这就是制度变革最终总会变为“宪法变革”，而经济学的“最高形式”（我以为）是“宪法经济学”（而不是制度经济学）的原因。

改革开放、放权让利以来，我们的地方经济已日益强大起来，中央与地方的关系已经发生了很大的变化；与此同时，旧的体制和新的现实之间的冲突已日益尖锐；中央与地方之间、地方与地方之间的矛盾日益暴露，并已成为经济不稳定的一个重要根源。面对这种利益矛盾，我想现在是到了大家坐下来好好“谈一谈”的时候了。“诸侯割据”“软约束竞争”不是办法，一方“压”另一方也不是办法，最好的办法还是大家互相承认对方努力争取自己利益的行为的正当性、合理性，通过谈判，“吵”出一套新规则，作为大家共同遵守的行为准则，以求经济与社会的长治久安。财政问题、金融问题、行政管理体制问题等这些具体的问题都有待于在基本规则修订之后才能得到根本的解决。现在许多问题的确到了各方坐下来好好“谈判”一番、争论一番、商议一番的时候了。中国自秦始皇起形成了两千多年的中央集权的体制与传统，时间到了20世纪末，改革开放使中国的经济体制发生了重大的变化，我们的一些基本游戏规则，似乎也该重新讨论一番了。

当年坐在“独立大厅”时制定宪法的那些美国人，多数是政治家，并不是经济学家。规则、制度这些东西最终是由代表各种利益集团的政治家们制定的。那么经济学家能起什么作用呢？经济学家当然可以扮演不同的角色。比如说，在中央与地方的利益矛盾中，经济学家第一可以作“中央的经济学家”，去研究如何制定政策；第二可以作“地方的经济学家”，也就是去研究如何“下有对策”；第三种，用布坎南的话说，经济学家可以作“仲裁人”或“中介人”（arbitrator），把“方案A”“方案B”……的好处与坏处（没有绝对好的或坏的东西），明确地告诉利益冲突的各方，把可行的解决问题的方法分析出来给各方看，把每一方的利益所在和达不到利益时所会做出的反应告诉他们的竞争对手，让他们自己根据自己的利益与所面临的条件，做出各自的最优选择。三种角色都有用处，都有积极的意义，因为各方的利益都需要“专家”来捍卫，同时也需要“专家”来调解，特别是在对关系到各方长远利益的基本规则进行重新修订的过程当中，就更是这样。

1993年11月11日

着眼于新的基础
——怀念蒋光远先生

前几天见到两位大学同学，才得知蒋光远先生已经于不久前去世了。他是我在河北大学上学时的经济系系主任，直接教授过我们七七级政治经济学专业的课。他早年毕业于北京大学，多年在国家计委、统计局工作，“文化大革命”中下放，后来到了河北大学任教，1982年后又调回北京，在统计局下属出版社任领导工作。记得当年他给我们讲课时，总是沏一杯极浓的茶水，一支接一支地吸烟。我想他的早逝一定与这些嗜好不无关系。

从个人的角度悼念、回忆某一个人，我想我们不会去设法为他作什么全面评价，而是首先想到我们自己曾怎样地受益于他。我与蒋先生并无私交可言，但他所给予我的一切却至今受用、终身受用，这便是他给我们开的那门课——现代西方经济学。

20世纪70年代末、80年代初的时候，各大学经济系已经开始设了西方经济学的课，但多数只是讲“流派”，地方大学如此，多数名牌大学也是如此。而蒋光远先生没有照那一般的作法去做，而是找来一本英文的《经济学基本概念》作课本，由微观经济学到宏观经济学，从头到尾给我们讲了一整学年的西方经济学的基础理论，一个概念一个概念地讲解，一个公式一个公式地推导，一个图形一个图形地分析，甚至还指导我们在有些问题上去读一本台湾人翻译出版的《中级经济分析》和马歇尔、罗宾逊等人的原著。毫不夸张地说，我的西方经济学的“底子”主要就是在这一年的课上课下打下的，至今遇到许多经济学理论问题，想到的还会是当年河北大学黑板上、作业本上的那些公式和图形。没有当年的这一套做底，我以后再进一步学习现代经济学的很多东西，一定会吃力得多，甚至根本不会真正学得进去、真正搞懂。换句话说，我学了一些西方经济学的知识，不是因为我到“西方”去留了学，而是因为上了蒋光远老师的课。没有上这一门课，我不仅可能至今也没能掌握很多经济学的知识，而且可能到了西方去留学，也未必能在较短的时间里掌握很多新的东西。正因如此，当我得知蒋先生去世时，首先想到的便是他所给予我们的知识是多么的宝贵，也由此联想到了基础知识在一门学科的掌握与发展中的重要地位。

发展到今天的经济学，已经是一整套相当复杂、相当深入、涵盖面相当广泛的知识体系了。而一门知识越是发展、越是繁杂，在学习它的过程中，掌握基础知识、打好基础知识功底就显得越是重要，就像盖房子，地基不深，楼层也高不上去。所有的高楼大厦，都要用砖、用瓦或是用钢筋水泥，即使材料略有些差异，也都有一个承重的问题，都需要把基础打牢。有的人总不相信基础知识的重要性，总以为没有基本功的严格训练就可以到“前沿问题”“尖端问题”上去比试，在“草屋时代”可以、“平房时代”可能也行，到了现代高层建筑林立的时代，就很难办得到了。即使对于少数天才来说，可以在很短的时间内自己走到“前沿”，“重新创造”出许多前人的研究成果，但如果先用更短的时间把前人的成果学到手，然后用更多的时间赶到前沿去施展才华，不是更符合经济的原则吗？就个人来说，在年轻的时候、学生时代少上课、少读书、少做作业，有更多的时间去搞实践、搞调查、写文章、读“在职学位”，当时可能会显得颇有成果，但耽误的可能是一辈子更大的成就。就整个民族来说，如果用一种忽视基础课的思路来指导大学生、研究生的教学，其结果可能是耽误一两代人。美国的经济学界在世界上无论从人数还是成果质量来说目前被公认为处在领先地位，其重要的原因就在于对基础课教学的重视。经济系大学本科生已经是初级教程、中级教程一步一步学过了，到了研究生阶段，好一点的研究院里，你至少还要学两三年的基础课、基础理论课、专业理论课，做作业、考试、修学分，然后才允许你开始选专业、做论文，不允许你早早地钻到一个小专题或政策研究的“前沿”上去折腾，其结果自然是学生的基本功较为扎实，知识面较宽，不会在基本概念上出大错，连什么是“均衡”、什么是“平衡”也分不清（当然这不否定到做论文的时候许多人还是会找一个较容易通过的偏窄的小题目去做），也不至于因为无知把前人已有的成果还看成是自己的“贡献”。

学理论不先学基本知识、基本方法，而是先学流派，实在是件误人子弟的事。不同的流派在现代经济学中其实就像是不同风格的建筑，观念不同、前提标准不同、信息把握角度不同，但其基本的（不是全部的）建筑材料、建筑技术、建筑结构，却是相同的。比如在我国被炒得人人都知道的凯恩斯学派与货币学派的争论，仔细分析一下就不难发现，二者的差别不过是由一些不同的前提假定推导出的一些政策主张的差别，在基本概念、理论框架、分析方法上并无二致，都可以在同一个“IS—LM”模型中加以体现。再比如新制度学派与新古典学派的差别问题，有人认为新制度学派是对新古典经济学的否定，其实这是没有搞懂所谓的新古典经济学，也没有真正搞懂新制度经济学的“精神实质”。新制度学派的理论家们其实是将新古典理论的同样方法，扩展应用到制度行为的分析，放松了新古典模型中关于“制度给定”这一理论假定，再引入了其他一些有关假定，在此基础上系统地分析制度演化过程及其效应，并由此构造起一个现代经济学的理论分支。它与新古典理论在有些结论上可能是冲突的，在对一些问题，特别是某些特定的条件下、特定历史时期中的问题的分析会显得更为有用、更有说服力，但本质上只是对整个经济学理论的一个方面的扩展和深化，而不是对其他理论的否定；对同一问题的分析所得出的不同结论，主要是前提假定变化的结果，并不是基本分析方法的差别。每个时代的经济学家们都会因当时“惹眼”的经济问题而挑起各种各样的争论；不同的分析问题的角度和深度、认识问题的充分性与正确与否也会导致差别；在理论进步的每一个阶段上都会出于种种原因而产生不同的观点；而对争论、对差异的介绍，也有利于激起后一代人的理论兴趣和创造性的思维活动。但只看到差异而看不到“共有的财富”，是具有误导性的。特别是，如果不在学懂基础理论知识的前提下来介绍流派，其结果可能是既没有搞懂各流派的理论本身，不了解他们观点的实质和相互间的真正区别，也不利于后人在综合各派所长的基础上进一步将理论研究推向前进，相反，可能使一些人得出经济学不过就是几种政策观点在那里争来争去，甚至得出“经济学不过就是一些政策点子”的有害结论，不可能站在各派理论之上，综合各派的有用成果使理论与政策的分析上升到一个新的高度。

中国经济学发展到目前的一大瓶颈是教学，特别是现代经济学基础理论的教学。经济学的课程设置“老化”，教学大纲“老化”，最薄弱的环节就是现代经济学基础理论与专业理论课的教学。当然这里面有一个师资不足的问题，但师资的知识结构一方面是过去教学大纲的结果，另一方面是受现在与今后的教学大纲引导的。我们在经济改革与经济理论研究的各个领域里思想已经很解放了，但在经济学教学的领域内，似乎还有一个进一步解放思想、实事求是地认识当代经济科学发展的大趋势，认识我们知识结构缺陷的问题。苏联教科书（这绝不是什么“真正的马克思主义经济学”）和苏联教学大纲统治我们经济学教学与知识结构的时代该结束了。那一套东西已经把苏联引向了死胡同，难道我们还要抱住不放吗？

现在有的学校开始改革经济学教学大纲，增加新学科的设置，但主要倾向是增加一些专业课特别是一些实用性较强的专业课，对现代基础理论知识的教学仍没有给予足够的重视。经济学理论所分析的是整个经济系统内各种因素的相互关系，是经济各领域内具体操作技巧的理论基础，所以不仅以经济学研究为职业前景的人应该学好，其他有关领域内以实践性较强的工作为职业前景的学生也应先把它学好，缺了这一基础知识，专业知识就会缺乏坚实的基础，实践性知识和各种操作技巧也难以融会贯通。萨缪尔森的《经济学》，其实是美国大学公共课的教科书——不是经济系、管理系学生的公共课教科书，而是整个大学文理工科全体学生的公共课教科书。他们要求每一名大学生具有一些经济学的基础知识，而我们经济系、管理系的教学中对经济学基础理论的教学还缺乏重视，这很难真正适应世界经济、技术、政治发展对人才的需要。就理论性知识与实践性知识关系来说，许多人一生可能只有在学校的几年有机会读一些基础理论知识（许多理论是需要甚至只能在课堂上由老师传授的，或者说，自学的成本会大得多）。而实践性知识今后还会有很长的时间在实践中逐步学。有了基础理论知识和方法的训练，再学实践性知识也容易很多。失去了学理论、打基础的机会，今后可能很难再提得很高。早早地让大家去学实践性知识，是一种对下一代不负责任的“短期行为”。以理论或政策研究为职业目标的学生，则更应该先花几年的工夫打好基础理论的底子，早早地去搞调研、“出点子”、写文章，一时成果不少，但弄不好会耽误了今后进一步的提高。

基础知识重要，但有时并不显眼。这也像蒋光远老师的为人一样，自己并不显眼，但为人师表、传授知识，使他人受益无穷。

1994 年 2 月 24 日

从“神坛”上走下来的经济学家们

阿罗的“不可能性定理”，以严谨的理论方式证明了：在许多情况下我们不可能从不同的个人、不同的企业、不同的所有者、不同的利益集团的利益偏好中，推导、构造出一个社会共同的、得到所有人赞同的利益偏好或所谓的“共同利益”，除非我们违背某些为大家共同接受的起码的道德准则。

这一定理首先对古典的福利经济学来说是颠覆性的，因为它意味着：在许多问题上（不是全部）根本不存在什么体现全社会共同利益的社会福利，因此根本无法构造出被经济学家作为“最大化”对象的“社会福利函数”。新福利经济学只好改变方法，沿着帕累托最优的思路前进，着重研究如何使一部分人的境况变好而不使另一些人境况变坏的问题。而这样一来，经济学家所能做的事情显然就是十分有限的了。

阿罗的定理，却是对现代公共选择理论的极大支持，因为在布坎南等人的眼中，本来就很难存在什么社会共同利益，很难有什么“一致的赞同”；在他们看来，在经济生活中，存在的只是一个一个特殊的利益集团，甚至历来被当作公众利益代表的政府，也是一方面作为一个官僚体系有着自身的利益，另一方面，政治党派本身不过是某些利益集团的代表，是受到利益集团“资助”才竞选当政的，因此政府的政策，也总是体现或着重体现着某些集团的利益，最好的情况下，也是各种利益集团相互竞争、相互制衡、看谁“游说”成功的产物，是某种妥协的产物；“公共选择”的过程，不过是各种利益集团相互较量又不得已相互妥协的过程；公共选择的结果（一届政府或一种政策、一种法规等），不过体现的是利益冲突与利益的均衡（经济学强调均衡，而最基本、最根本的均衡，不是什么供求均衡，而是利益均衡）。它们只有在一种意义上才是符合大家共同利益的，那就是：谁都不可能在这种社会博弈的过程中获取更多的东西，如果你“不服”，采取行动企图获得更多的东西，引起对方的某种反应，你最终的结局可能更糟。

这种理论对于熟悉马克思的中国经济学家来说本不该陌生。马克思主义经济学最根本的精神实质，就是把社会分成不同的特殊利益集团（阶级）；不承认天下存在“共同的爱”，而只承认“阶级的爱”。有些中国经济学家之所以在遇到现实经济问题时经常忘记运用“利益矛盾分析法”，我想可能是出于两方面的原因：一是在过去的一些苏联式理论的影响下，只用马克思主义来分析别人，而从来不允许用来分析我们自己的社会，鼓吹我们大家都一定是“同志式的相互协作”，否定我们的社会也可分成不同的利益集团，而且它们相互之间也存在着各种各样的利益关系与利益冲突；第二个原因我想可能在于马克思阶级斗争学说本身：它强调的是一个阶级推翻另一个阶级、打倒另一个阶级，而不是强调在同一社会中，不同利益集团之间如何在矛盾冲突的情况下相互协调，相互妥协，和平共处（不用别人批判，我这里承认是一种“阶级调和论”）。

否定许多问题上“一致利益”的存在，不仅是对福利经济学以至以前的新古典经济学的一种挑战，也是对所有经济学家的一种挑战，因为它导致了一个“职责”问题发生，既然社会划分成不同的利益集团，不存在以“最大化”为己任的经济学家可以去最大化的那个“一致利益”，经济学家又能给社会做什么？履行什么职能，提出什么样的政策建议？作为追求具有唯一性的真理的科学家，经济学家又能追求什么？以往经邦济世、以统治社会为己任的经济学，突然间显得十分的“无能”。

经济学家就是这样自己从神坛上走了下来。

但他们毕竟还大有可为。

第一件可做的事是尽可能地找出那些存在着可能称作一致利益的场合，并提出如何实现这种一致利益的建议。这主要指的是尽可能地找到那些能够进行帕累托改进的地方，让大家都知道：在这些地方，可以采取某种政策，使一部分人利益增大，而不使任何人受到损害（无论是绝对的损害还是相对的损害），改进资源的配置效率。天下这种情况其实还是很多的，只是有时不大容易被认识到。仔细想一想，现代经济学所能提出的可能称得上是经济学自己特殊的对制度或政策的评判标准，其实已经只剩下这么一条，即帕累托效率了。这也是经济学作为一门实证科学最基本的“本职工作”——既然在可以进行帕累托改进的地方不存在利益冲突，人们没有实现这一改进只是因为“信息（知识）不全”，而科学的功用就在于为人们提供更全面的信息与知识，使之能够认识到可以作怎样的改进以增加自己的福利。

第二件可做的事情，是在各种利益相互冲突，不使一些人的利益受损（无论这些人是多么地仅占“少数”）就不能使另一些人（无论这些人是多么地占大多数）的利益增进的场合，或者大家的利益绝对地看都能增长，但相对关系却发生变化的情况下，努力保护任何一方（无论是多数还是少数）不会在利益冲突和收入分配中受到不必要的或过多的损害，使他们能够积极地去参加利益的竞争、争取自己应得的一份。正是在这个意义上，我说经济学家中可以有一批人成为“不同利益集团的经济学家”，并有所分工，成为比如说工会经济学家、消费者协会的经济学家、企业经济学家、地方经济学家、部门经济学家、政府经济学家等，在一定时期、一定程度上专职地为某些利益集团服务，使他们的利益在社会上、市场上、政治上得到充分的表现、阐发与保障，不使哪一方成为没有人为之“辩护”的弱者，在利益上多受到不公正的对待。对事实上处于弱势的集团就更要为之辩护。这就像法庭上，有三位法律专家：原告律师、被告律师和法官。前二者分别代表两个当事人的利益，法官则是“仲裁人”(这种职能我们还没有谈到)。这三位法律专家可能是同班同学、同师同宗，读的和引用的是同一部法典，但他们的职能在此是分别保障不同集团的利益，不使任何一方成为被不公正对待、被欺负的弱者（这就是穷人请不起律师，法庭一定要为其指定一名的理由)。我想问题还不在于我们认为经济学家“应该怎样”，其实事实上必然这样——市场经济本身要求有经济学家之间的某种分工，这种分工在事实上也正在出现，以自觉或不自觉的形式出现。当个“利益集团的经济学家”原则上没什么“丢人”的。真正“丢人”的是：想为所有的人服务却不自觉地为个别集团服务，或者反过来，在为个别集团服务时候却以为或声称在为全社会服务。

第三件可做的事是，作为理论经济学家或学术经济学家（以及中央政府综合部门的经济学家)，其职责就在于协调相互冲突的各方的利益，用自己对客观经济关系、社会利益结构与利益冲突现状的科学分析，来告诉每一个集团或利益当事人，他们之间的相互竞争，相互冲突，在各种情况下会是怎样一种结果，怎样才是一种对双方来说“损失最小”或“不能更优”的最优解，什么是利益的均衡。经济学意义上的“最优”，从来都是在一定限制条件下的“不可能再优”，而那些限制条件中，就包含着其他利益集团对这一利益集团争取自身利益的社会限制。解决经济问题的“最优解”，其实不是使每个集团都达到“最大满意”的解，而是使各方“最小不满意”的解。在履行这一职能的时候，经济学家需要做到的是努力使自己“利益中立”，充分考虑到各方的利益所在，而不能只看到、只注意到某一方的利益而忽视其他利益集团的存在。找到利益的均衡点，提出制度改革的方案，不等于“各打二十大板”，因为利益均衡点本身也体现着历史发展的规律，某些利益集团的要求，因符合了社会发展的趋势，会更多地得到满足，但在一定的时点上，他们也只能够那么多、不能再多，否则往往适得其反，历史毕竟还没有发展到更高的阶段。正是在这个意义上，经济学家的职能就是“中介人”——不仅利益是中立的，而且起到博弈双方“仲裁人”，交易双方“中介人”的作用。我想这就是布坎南以下这段话的含义所在：“经济学不应是一门选择的科学（science of choice），而应是一门‘契约的科学’（science of contract）；‘埃奇沃斯方盒’应是这一学科的教科书的第一个图示；而普遍适用的原则不是最大化，而是一切来自交易；经济学家的职能不是‘最大化者’而是‘中介人’（arbitrator），他站在利益冲突之外，努力使冲突各方达成互利的妥协。”（布坎南：《应用经济理论的契约范式》）

在以上所分析的经济学家可以履行的三种职能中，第二种与另外两种，特别是第三种是否相悖？其实并非如此。明确地认识社会划分成不同的利益集团，他们之间的利益会相互冲突，因而需要找到某种契约式的解决办法，这是对所有经济学家的一种一般职业要求，而有一部分经济学家专职地去维护某一利益集团的合法权益，是一种经济学家的“内部的分工”；即使这些经济学家也应该明确，维护某一集团的合法权益也是为了使经济过程的结果更加均衡一些，而不是否定另一方的合法权益，也是为了那些以“仲裁人”“中介人”为己任的经济学家更好地做出客观、公正的判断。有人做“原告律师”，有人做“被告律师”，有人做“法官”或“陪审团”，最后这个体制运行的结果才是“均衡的”，才有利于社会的进步、经济的发展（需要注意的是，经济学家与法官的职能还是有所不同的。法官或陪审团的首要职能是依据现有法律判出一个对错，是“不妥协”，而经济学家的职能则是要在一定的历史阶段上找出一种适当的“妥协”，虽然这种妥协应是“积极的妥协”）。

以上的理论还可以解释许多重要的问题，比如：

——说明为什么市场经济国家有那么多至少自身标榜为“非党派”“非政府”“非营利”的民间独立的经济学研究机构（不是营利性的“咨询公司”），以便使致力于研究科学，做好“中介人”的经济学家们避开利益关系的嫌疑，也在事实上使自己保持更清醒的头脑，保持科学研究的客观性、严肃性，为公众提供客观的分析，少一些“感情冲动”。——说明为什么在经济学的意义上我们不能轻易地说谁的某种社会主张是“对”是“错”。经济学理论不是道德学、伦理学或历史学，经济学家也不是政治家或政客，经济学本身不能给出有关道德、“社会正义”甚至“平等”的准则，而只是将一定历史条件下社会普遍接受的道德准则或平等观念，作为经济学进行效率分析的“约束条件”（所谓“效率与平等的矛盾”其实是这么一回事）；在现实中，经济学家们面对的毕竟是不同利益集团的相互冲突，而这是一个“公说公有理，婆说婆有理”的事；从经济学的原则上说，或者从经济学家的职业立场上（而不是作为一个一般的个人，或者作为一个伦理学家、政治家、历史学家）来说，任何一个利益集团，哪怕是一个逆历史潮流而动的“反动”集团，或者以社会上多数人的利益为敌，只追求自己的私利或小集团利益的“反人民”集团，他们为自己的利益而斗争，以他们自己的利益为标准，也是“对的”，不这样反倒是不对的、奇怪的、可笑的、不合逻辑的——谁会自行退出历史舞台？从经济学这门实证科学的观点来看，“错”只存在于以下的一些情况之中：第一，没有正确地认识到自己利益所在；第二，没有认识到你在尽力为自己争利益，别人也在尽力为自己争利益，你的行为会受到别人的反对，别人会与你有利益冲突，你的目标一定会受到别人的制约；第三，虽然认识到自己的利益所在，却不能认识到如何才能有效地争取自己的利益，或者采取了不可能达到目的的错误的方法，反倒使自己受到更大的损失；第四，作为经济学家，没有能把现实中存在的利益冲突和如何协调这种冲突的最佳方法找出来并揭示给各方看等。总之，经济学意义上的“错”，只在于“无知”、在于“浅薄”、在于“片面”。在某种意义上，对于经济学家来说，只存在“蠢”、存在“臭”，而不存在道义上或评价标准上的“错”，就像我们只能说与我们下棋的那一方下了“臭棋”，而不能说他为了打败我、为他自己赢得胜利这件事是“错”的道理一样。总之，在我们对某人所提出的一个方案进行对与错的评判时，先要用他的明里暗里所持的特殊利益目标来作一番衡量。

市场经济机制之所以“好”，之所以成为中国经济学家应该为之奋斗的目标，不是因为它要把一些利益集团的利益“打倒”，而是因为我们相信它是一个更为有效的利益协调机制（资源配置机制不过是利益协调机制的“物质位面”）。但尽管如此，市场化的改革从本质上说不是一个帕累托改进过程，从而在此过程中难免会使旧体制下的某些利益集团受到损害，因此会受到一些人的反对，在改革的每一阶段上也一定是矛盾重重，各个利益集团都会有符合自己利益最大化的各式各样的“最优改革方案”，因此会有各种各样的争论、各种各样的冲突。这种冲突是对理论经济学家“职业纯洁性”和“职业能力”的一种考验。首先看我们能否以科学家的眼光冷静地观察与分析，能否在纷杂的矛盾冲突中认清各种矛盾的原因，同时又能像布坎南所说的那样“站在利益冲突之外”来研究对策。理论经济学家也是人，也有感性，也有好恶，也有道德标准，作为经济中的一分子，也有自己的特殊经济利益，收入降低了也要骂娘，也可以同时兼作所有者、劳动者、商人等，也可以兼作政治家、道德学家，至少是“兼作”普通老百姓；但当我们以经济学家的职业身份研究问题，发表观点的时候，我们却不能感情用事，从“道义”出发，而要想到我们这个职业所需遵循的原则，或者反过来，当我们以其他身份讲话时，不要借用经济学家的名义。其次，就“职业能力”而言，在复杂的利益冲突中，对经济学家的考验就在于能否找到最能为大家都接受的，不得不接受，最好是接受，但又能推进制度改革，使改革过程更快捷、更有效、更少痛苦的对策与方案，能否及时、准确地说服各种利益集团认识到他们的利益所在，做出相互的妥协（能否实现这种妥协，能否采用某种方案，更主要的还是取决于政治较量）。经济学家不可能消除改革的阵痛，因为它根本不取决于经济学家的聪明（不能夸大经济学家的作用），而只能设法使阵痛减少到最低（不能再低）的程度，或者不再“额外地”增加改革的阵痛。任何改革方案，包括适应一国特殊条件的最好的（不能再好）改革方案，都仍将是“得罪人的”，因为它可能最终还是要损害某些集团当前的既得利益，不如此经济就不能发展，将来再改革时会有更多的人（包括当前反对改革的既得利益集团本身）要为此付出更大的代价。因此，某些条件下的“最优改革方案”可能就必须是、只能是“激进的”，也还是要克服某些利益集团的反对与抵制，对此经济学家也要“旗帜鲜明”。因此经济学家不能怕“得罪人”，不应担心遭到反对乃至遭到打击，但经济学家至少要对每个方案都会得罪哪些人，有一清醒的认识，从而不会在一个方案提出之后，去抱怨：“怎么这么好的方案还会有人不满意？”

1994 年 3 月 24 日

经济学家谈道德?

作家梁晓声在他的《九三断想——谁是丑陋的中国人》中提到了他与我的一次“争论”。在一次讨论有关“人生观”问题与社会现象的写作计划会上，我发言时说我们不能强求人们都按一种方式生活，各种活法对不同的人来说可能都是最好的“活法”，因此我们也不能总是教人们应该如何活着。梁先生听后不以为然，说不能认为那些堕落的活法是好的活法，社会总得有点“正确与错误”“好与坏”的标准与主张等。我在学术界、理论界已习惯了各人有各人不同的观点，开会的目的首先就是把大家找到一起来“吵架”，摆不同观点，所以我对梁先生的反对并不介意。他讲得也很温和，也是有理有据，所以我也并不觉得发生了什么“争吵”。事后甚至都忘记了，直到有朋友打电话告诉我梁先生在他的著作中用了相当大的篇幅来讨论那次的争论，解释他当时还没有看我的书《求解命运的方程》(后改名为《经济人生》)，对我的思想不大了解，并还向青年朋友推荐我的书，等等。当然，更重要的是在书中进一步阐发他的观点，仍然认为我们不能容忍堕落,《九三断想》全书主旨也是批判生活中种种丑恶，书中充满着一种义愤、一种激情、一种正义感。

梁先生在他的书里对我有一句褒词，说从我的书中看到我是很有“一分责任感”的，以至想要写书来分析人生……不过我倒是想用这句话来回敬他（绝不是贬义的“回敬”)，他才是真正认真、执着、充满责任感、道义感的人，不像我这样对什么都已漠然处之，似乎什么都不再激得起“义愤”“激情”。他搞文学，接触的丑恶现象比我多，按说更该“司空见惯”，他却不是，可见骨子里的道义、情感要比我们这些人不知多多少倍。现在为道义、为“正确”而振臂高呼、呕心沥血、痛心疾首、面红耳赤的人已日渐减少，而梁晓声是我所知道的仅存的不多几个人之一。

梁晓声对于他与我的差异的解释是:“……还由于，我们对现实社会的，以及我们写一本书时的立足点和视野的幅度是分明有很大差别的。”他说我是在为那些正常的、有理性的人写一本如何理性地分析人生与社会的书，是在“摈除了‘恶’的‘活法’之后，对普通人的‘活法’娓娓的论说”；而他所要做的则正是要在善与恶之间划出一道界限，正是要面对、批判我们现今社会的种种“丑恶”的“活法”。

但我想我与梁先生的差别恐怕首先是职业上的差别。

我是搞经济学的。经济学不像有的人认为的那样是“数钱”的。经济学研究的是人们的行为，当然首先是“怎么挣钱”的行为

(顺便说一句，经济学本身研究的是“别人”，即社会上的大家怎么挣钱，而不一定是自己怎么挣钱，那是工商管理学的问题)，但同样涉及不挣钱但同样为了追求某种“满足”的行为。“挣钱”不过是为了获得更多的可以用钱换来的物质上或精神上的满足，但天下还有许多用钱买不来或不必用钱买或没有钱也能“买”的满足。问题在于关于什么是“满足”这件事对不同的人是不同的，有的人吃咸、有的人吃甜，有的人抽烟、有的人喝酒，有的人好吃、有的人好穿，有的人重精神、有的人重物质，有的人好为别人操心、有的人只知道自私自利。不管这些“口味”“偏好”是先天形成的，还是后来学来的，反正当分析人们的一种行为时，经济学得把它假定为“事先已经存在的”，并把它们当作人们行为的各自不同的“目标”，用这些目标来解释人们为什么这样行为而不那样行为（为什么“买”那个而不“买”这个)，或者告诉人们你要想达到一定的目标，应该如何利用和配置你的资源，以达到“满足的最大化”。

不同的“口味”、不同的“偏好”，说到底也就是人的不同的“价值观”，其中就包括“道德观”，因为不同的“偏好”也就是一个人关于什么好、什么坏，什么较好、什么较坏，什么值、什么不值、什么不那么值等的一种评价。为了挣点钱，不顾“廉耻”，说明对于他来说，那些“钱”要比他的“廉耻”更“值”；“舍己救人”，说明他认为“救人”很“值”或“救人”这件事好，“见死不救”不好，等等，这与我认为抽烟比喝酒好，你认为猪肉比羊肉香的道理是一样的。

问题在于，经济学作为一种实证科学，在它的分析过程中，假定各人不同的偏好是“事先给定的”“已知的”。这其实就是在说，作为经济学家，我们对你有什么样的价值偏好、道德标准，没有办法，“管不着”，我们只是在你已有的价值标准条件下研究你的行为和你的行为的后果，以及你的行为对社会上他人的影响，或者告诉你怎么才能实现你的愿望，或者告诉别人怎么“对付你”，你又怎么“对付”他人。原则上说，经济学家就其职业本身来说，可以为希特勒服务（第三帝国有从职业标准上说很合格的经济学家，虽然我们作为个人来说不能从人格上、道义上认为他“好”），也可以为丘吉尔服务；可以为黑帮服务，也可以为政府服务。从这个意义上说，经济学就其学科、就其职业来说是“道德中性”的，经济学家是“不讲道德”的。经济学家只从一个角度谈“道德”、谈“价值观”，那就是分析不同的道德观、偏好体系会对经济行为有哪些影响，要求社会经济制度作怎样的改进，道德观、价值观变化的经济原因，以及道德观、价值观的变化对经济发展、社会经济关系的变化所会产生的各种影响。但经济学家对价值观道德观本身的“好与坏”不作评价。道德是经济分析的前提之一，“约束条件”之一，但本身却不是经济学的研究对象。现在有的经济学家也在著书立说，大谈“市场经济应该有什么样的道德”，告诉人们什么好什么坏，从职业角度说，这是“不务正业”。当然，经济学家也是人，作为个人，他当然可以就价值观、道德观问题发表自己的看法，但他这样做的时候应该明确地意识到并告诉他人，他只是作为个人而不是经济学家在发表看法，因为从经济学本身中我们得不出关于道德观的论断（其实，从任何可以称为“科学”的学问中都得不出这样的论断）。

什么人“管这件事”呢？伦理学家、政治家（不是政治学家)、文学家以及牧师等一切用各自方式管理意识形态的人们（当然还有我们每个人，即作为无职业特征的社会的普通人)。是他们在构造着、改变着、影响着人们的价值观、道德观、是非观等，是他们在就什么是好、什么是坏、什么正确、什么错误进行着研究与评判，教导着人们应该这样生活而不是那样生活，做这样的选择而不是做那样的选择。总之，那正在梁晓声的职业范围之内。

我不知道人们是“因为性格的差别”、所关心问题的差异才选择了不同的职业，还是不同的职业在重塑着人们的性格。比如说我不知道梁晓声是因为本来有十分强烈的是非感、道德感，才选择当了作家，以文学为手段，宣传自己的观点、净化他人的灵魂，还是因为他当了作家，更多地关心着人们的心灵活动，关心着社会道德，才变得更加“热血”。而我自己，也不知是因为学了经济才对道德问题变得这么“无动于衷”，还是我本来就不关心“终极价值”而是更关心说明人们的行为逻辑本身，只想分析事实而不想改变人性，才会选择了经济学这一“冷漠”的学科为自己的职业。不过我倒是对我们一些科学家（这里主要指社会科学家)、理论家在他们从事自己的专业活动、写他们的专业文章中夹杂了太多的感情色彩、太多的“是非”观念、太多的道德说教，很不以为然。不是那些东西本身不对，而是说那会影响到你作为一个科学家的客观性。我们作为个人或许“热血”一点为好，但在职业领域内，却应该是“冷漠”的。

我想这就是现代社会分工合作的优点，我们大家谁也不必面面俱到，而只需从某一个角度来分析人生、思考社会。不过，在这种分工的条件下，也就需要大家相互理解和尊重各自的职业特征，在相互争论中加深大家对人生与社会的理解，而并不会因此而伤什么“和气”。所以我想说：如果梁先生与我真的发生了什么“争论”的话，那只是件好事，我们不妨更多地争论，如果我们有时间、感兴趣。

最后让我以一个一般个人的身份说一句“非职业”的话：我非常赞赏梁晓声关于善与恶的“道德说教”，我们确实应该好好批判一下当今各色的“丑陋的中国人”。

1994 年 12 月 8 日

再谈“道德”

很高兴读到《经济学消息报》1995 年 3 月 25 日登载的沈懿的文章《经济学家不谈道德?》。文章对我关于“经济学家不谈道德”的观点进行了较为深入、颇有哲理的批判，因而也就为讨论的进一步深入提供了新的条件。

应该说，我同意沈文的主要观点（只有一点很不同意，他认为我们不应该“在别人开垦的土地上播种撒谷”。科学的无国界性与应用科学的有国界性并不矛盾）。那么，我们的差异在什么地方？

我想没有一个合格的经济学家会说道德在经济中不起作用。不仅解释一个社会制度、经济制度离不开道德规范、价值观念，甚至解释一个人的行为也同样离不开道德规范、价值观念。现代经济学第一章就要讲人的“偏好”或“效用函数”，那当中就有道德规范。本身就是“价值”观念，以此为前提，才能有“选择”“均衡”

等，才能引出一系列的经济分析。制度经济学就更是这样。“道德观”“文化传统”等是“非正式的制度”，并体现在法律和正式的规则之中，所不同的是，普遍接受的道德观或意识形态是可以不必用正式制度去强制执行的社会行为规范。我想这些理论我们这几年谈得够多的了（在我的那篇文章中也有提及）。

那么，为什么又说“经济学家不应该谈道德”？问题在于：经济学家本身不是道德家，不对什么是“好”、什么是“坏”这件事本身做出我们的评判。我们要分析：1. 一种道德观念导致人们做出怎样的选择；2. 社会流行的道德或文化传统会对经济制度与经济发展产生怎样的影响（我在 1994 年香港《二十一世纪》杂志上发表的文章《中华文化、理性化制度与经济发展》就是专门讨论这一问题的）；3. 不同的道德观念会引起怎样的社会冲突与经济矛盾；4. 在体制演变过程中，道德、意识形态会如何起到降低改革成本或加大改革成本的作用；5. 一种经济制度又会对道德观的改变与演化起到怎样的作用，比如，计划体制必然发展起怎样的道德观，市场经济又会怎样改变人们的观念，等等。但是，作为经济学家，我们“不给出道德观”，不教导人们“这是道德的”“那是不道德的”，总之是不做“道德说教”。我们能够告诉人们，如果“换一种道德观”，我们的经济也许能够“更有效率”，但现代福利经济学已经告诉我们，当我们谈论“换一种道德观”的时候，我们所使用的“效率”那个词的含义已经改变了——我们只能在给定偏好或价值观、道德观的前提下才能谈论“效率”（十分抱歉，要说明这个问题需要很大的篇幅，不能在此讨论）——这恐怕是对“道德重要论”的最强有力的证明，但同时也就证明了，经济学家在道德观、价值观的问题上遇到了自己分析的界限：你只有在给定的价值观、道德观的前提下才能进行效率分析，而不能教导人们什么是“更好的道德”。

也许我说“经济学家不应该谈道德”这句话本身引起了误解。但我想表达的意思在目前有着特别的意义：我们经济学家要更多地分析制度如何使“道德沦丧”，而不是指望着靠“道德说教”去改变人们的行为，偏偏忽视了制度（法律）的改进。我们这些年道德说教还少吗？我们的义愤、我们的“愿望”、我们的“假如”还少吗？但是我们的“道德”却在旧体制下越来越堕落。这丝毫不否定社会上应该有人去进行道德说教（这是我推崇梁晓声等“悲壮文人”的原因），但也应该有人来做点“科学分析”，用实证科学的方法，也就是经济学的方法来分析一下道德堕落的原因，最根本的是经济制度方面的原因，来分析一下如何才能使人们“不道德的行为”受到社会的、制度的约束，使“不道德”成为“不合算”的行为，从而也使人们在经济实践中逐步发展起新的道德观念。总之，我们现在的头等大事是“改革制度”，而不再是“改造人”。我们该改一改“狠斗私字一闪念”的传统思维方式了！至少经济学家应这样。

现在我该承认我应该更严谨地遣词用句。较为严格的说法似乎是：经济学家不是不应“谈道德”，而是不应做“道德说教”。“谈道德”是指经济学不可避免地会“涉及”道德；不做“道德说教”则是指经济学不是伦理学，不就什么是道德的、什么是不道德的做出自己的评判，教导人们应该“偏好”这样而不是“偏好”那样，应该“利他”而不应“利己”，等等。作为实证科学，经济学要对一切（任何一种）道德观、价值体系、意识形态或“偏好”的一切“前因后果”做出我们的实证分析（恰恰是在这个问题上我们做得太差，甚至很少有人去做），但我们自己却无法用我们自己的学科知识从逻辑上论证一种“偏好”比另一种“偏好”更好。

道德改善了当然是好事，当然有利于经济的发展，比如说如果人人都自觉地讲信用，就可以节省大量的交易成本，既包括“相互设防”所需的事前成本，也包括追查诈骗案、惩处诈骗犯所需的事后成本；再比如如果每个政府官员都能廉洁奉公，我们就不必再花那么多钱设一个“纪律检查委员会”（现在就是因为这个部门以及有关的其他执法部门经费太少，许多案件无法去查）。因此，我们当然希望有人能进行道德教育，希望人们的心灵变得更加美好，赞赏梁晓声先生对“丑陋的中国人”批判，赞成一切真正有利于提高人们道德水平的道德说教。但是，作为经济学家，我们要想使我们的理论“有用”，不要寄希望于我们的道德说教会使人们“良心发现”、改变行为从而使我们的经济状况变好，那样做才真的会发生重大的“政策失误”。亚当·斯密最初只是假定人是“利己的”；后来，到了现代制度经济学（威廉姆森），又进一步假定，人不仅是“利己的”，而且还是“一有机会就要损人利己的”（即所谓的经济学上的“机会主义”），这都说明经济学越来越“实际”，越来越进步了，而不是越来越“脱离实际”了！市场经济（当然是有法制才能有市场经济），是一个“道德要求”很低的经济制度，是一个可以让鸡鸣狗盗之徒相互交易的经济，因此是一个可以持续的经济，不像我们的传统体制，它要求每个人都是“圣人”才能正常运转。时至今天，这种要求我们大家都变圣人的理想，本身并不是坏事，但如果我们经济学家还在花大精力为此奋斗，却一定是“经济学家”的悲哀。

1995年5月27日

在改革中发展经济理论的研究
——20年的理论与实践对经济研究者的若干启示

中国经济改革20年，自然也是经济理论与经济政策研究大发展的20年。毫无疑问，这20年是中国的经济学研究发展最快、成果最多的20年。思想解放首先导致经济学的开放和现代经济学的“引进”，进而发展到经济学教学体制（包括出国留学）和教学内容的变革，一大批受到现代经济学训练的中国经济学家已经成长起来，发表了一大批研究成果，对中国的经济改革和经济发展，做出了独特的贡献，并通过他们的努力使现代经济学在社会上更加普及。作为1978年年初进大学经济系读书的这批经济学者来说，我们是“幸福的一代”，这不仅是因为我们每天要面对激动人心的问题，也不仅是因为20年来社会上上下下人人关心经济，而且也是因为经济学这20年来总体上说是最为宽松、最为开放的研究领域：思想解放之光最先照耀经济研究，后来经济学界的争论，相对说来也较少条条框框，尽管我们也一样不断地面临着进一步解放思想、突破框框的问题。

回顾这20年经济研究的发展，对于我们这些搞经济研究的人来说，有哪些重要的启示值得记取呢？以下是笔者想到的几个。

第一，坚信理论、逻辑的力量，坚信客观规律一定会不以人的意志为转移地为自己开辟道路。这似乎是老生常谈了，但还是有许多人，包括一些经济研究者，却还是会对此产生怀疑，或是总相信（希望）经济学的规律只在别人那里可以应用，而“我们就是不一样”，就是有“特色”，从而丧失理论的一贯性乃至自己行为的一贯性。比如，从马克思到哈耶克，从马歇尔到凯恩斯，从科斯到诺斯，没有哪一家经济学不认为产权关系是最重要的，“所有制关系是一切经济关系中最重要的、起决定作用的关系”（马克思）。但是还是会有一些人，人云亦云地认为产权是不重要的，技术、管理等才是最重要的，总希望不解决产权改革的问题就可以从根本上解决我们的种种体制弊病，直到其他一切都试过了，不灵，才又回过头来看产权关系。产权关系一时因利益矛盾改得动改不动是一个问题，经济问题的根源是否在此、是否早晚一定要改，是另一个问题；实践中暂时不改，但理论上不可一刻不谈，否则就是理论家的失职。20 年的实践已经证明，不论人们愿不愿意，不论理论家们是否犹豫不决，不论现实中存在哪些障碍，产权改革早晚一定要发生，不以主动的形式发生，就是以被动的形式发生、“倒逼”的形式发生。有些领域还没有发生或者目前看上去还很难发生，因此又导致一些经济学者费劲地做出这样或那样“特殊的划分”，但笔者相信，它早晚还是会不以人的意志为转移地发生。理论家要做的是“事前”通过理论分析揭示出规律，使人们为即将发生的事做好准备，而不是“事后”不断修正自己的观点。

第二，要理解现实问题，政治经济学往往更加重要。以市场均衡、资源有效配置为基本内容的现代经济学（以微观经济学和宏观经济学为其主体部分），分析的主要是市场经济的运行机制，论证的是在给定的经济制度和利益结构条件下，怎样配置资源才是最有效率的。人们学习了这些经济理论，对于理解经济问题起到了“开窍”的作用，并立即试图用它们来为中国经济开药方，提出了一系列的“应该如何……”“应该如何……”；但是后来人们才进一步发现，所谓有效率的资源配置在现实中却很难实现，其原因不仅是一些人“思想不解放”，而且在于不同的人、不同的利益集团有着自己的特殊利益需要捍卫。制度变革这样的问题，本质上不是一个私人之间交易的问题，而是一个“公共选择”问题（制度本身是一件“公共物品”）。因此，仅仅掌握了现代经济中微观经济学、宏观经济学等内容，还并不能解决我们的问题，即利益关系重组和体制改革的问题。我们需要更多地关注各利益集团之间的利益冲突，更多地关注体制改革过程中的利益矛盾，以此为基础寻找改革的可行的道路。正因如此，人们近些年来越来越多地研究了以公共选择理论为主要内容的现代政治经济学，以及与此相关联的制度经济学和过渡经济学。这些同样也是现代经济学的重要的组成部分，对于我们来说可能是目前更加重要的部分。

第三，经济学要研究各种利益冲突，而经济学者则要力求做到“利益中性”，才能保持自己研究活动和政策主张的相对独立性、“超然性”，不被各种势力所左右。我个人曾提出市场经济发展起来以后，经济学者之间也不妨有些分工，有人专做“政府经济学家”，有人专做“公司经济学家”，有人专做各利益集团的经济学家，充分揭示各种利益的需要，使各种利益集团都有代表或代言人（就像法律专家有人要为被告辩护，有人要为原告辩护的道理一样）。但是，我也一直认为，一个社会毕竟需要有一大批经济学者力求（很难做到“完全”）超脱于利益冲突之上、为各种利益集团在经济、社会中的利益平衡而作“仲裁人”(布坎南语)，独立于任何集团(也包括独立于政府)，从事对事实的客观的分析和各种利益冲突的客观研究，从中寻找解决冲突的可行的改革方案和经济政策，使各种利益之间实现某种“平衡”与制衡（“市场均衡”的背后其实就是利益的平衡与制衡)。这就要求有一批相对进行独立研究、独立思考的经济学者（包括学院派经济学者）和独立“智库”，进行相对“超脱”的研究。社会各界要对学者观点背后可能存在的利益倾向有充分的警觉；而学者则应更自觉地审查自己的政策建议是否更多地受到某种利益（自己的或是与自己相关的其他人的利益）的支配，尽可能有意识地“规避”利益干系，尽可能保持独立性和客观性。举例而言，比如说至少应该有一些“不炒股”的经济学家对股市的走势进行客观的分析，提出自己的“局外人”的忠告。随着市场经济体制的形成和利益格局的多元化，这方面问题已越来越明显，越来越值得学者们重视。

20 年在历史长河中，在中国经济改革与发展的全过程中，只是很短的一个篇章。中国的事业为经济学者提供了一个大显身手的舞台，为中国经济学的发展提供了深厚的土壤。可做的事情还非常之多，也对研究者们提出更大的挑战。能否取得更大的成就，也有赖于我们自身视野的不断开阔和研究方式的不断调整。

1998 年 6 月

“治学经济学”胡侃

治学不是仅治经济学；学了经济学不一定就能治其他门类的学问。但是经济学具有的一般性却往往被忽视：它可以用来研究各种条件下行为与效果的关系，分析的是如何“以最小成本取得最大收益”(这句被争论多时的不合形式逻辑的话，其实表现的是所谓“目标—成本对偶性”)。有的人干脆就把经济学等同于一般的“人类行为效果学”，而不管所论的行为是造钢琴还是弹钢琴，是做馅饼还是做学问。写下“治学经济学”这个题目，便是想用经济学的一些基本原理来分析一下“学人”的行为。但需要说明的是：第一，“治学经济学”不属于经济学，因为它研究的不是人的经济行为或物质生产交换活动，从性质上说还不如西方人已提出的“犯罪经济学”更像经济学；第二，我这里不搞对策研究，就是说，仅想实证性地考察学问人实际在如何行为，而不提供任何做学问的诀窍或速成教材，读者也许将与笔者一样，研究了半天治学经济学，该没学问还是没学问。

一、偏好与选择

考察治学行为面临的第一个问题是，一个人为什么要做学问而不是去干别的。

理论上先要一般地假定，我们讨论的是具有“理性”的人，他能够根据个人的偏好尺度，趋利避害，追求效用最大化或利益最大化。这样，任何个人面临的问题便是在一定的选择范围内，做出抉择，适当地支用和配置自己的资源或禀赋，以获得一生的最大满足，或效用最大化。这样，一个人选择了以治学为生，便首先归结为两种基本因素：个人禀赋与个人偏好尺度（scale of preference）。

我们先假定任何人，人之初，只有一种等量的禀赋即人力资本，而且假定这种禀赋是同质的。这样，我们就必须首先从偏好的差别来解释学人的理性选择结果。

再假定一个人的目标函数具有以下的一般形式：

$$U = u_1（做出学问）+u_2（做官或有权）+ u_3（发财）+u_4（悠闲）+\cdots\cdots$$

公式中的U代表“一生获得的满足”或总效用；u_i则代表各种“成就”所能分别提供的满足。这一目标函数的特点在于它是多元的，相互之间可以并不排斥，但各分界是可以单独计算的。

这里“满足”的概念具有一般性。做成了学问，并不一定发财，但也会有一定的经济收入，基本的物质满足也还是会有的；百万富翁有广厦万间，提供的满足很大程度上也是精神上的。因此一项成就所能提供的满足应该综合地理解，但各项成就本身的作用可以分别考察。

在“同质禀赋”前提假定下，一个人选择了做学问而不是其他，那必是由于他具有特殊目标函数结构——必定是由于在他个人的特殊偏好尺度中，“做出学问”所能提供的满足特别大。因为所谓“同质禀赋”，就是说他不是不能干别的，问题只在于他不愿去干，在于其他事业对他来说所能提供的满足都较学问上有所造就为小，于是他便把有限的人力资源更多地、集中地配置于做学问这一事业中来。所谓“不愿干”“不屑干”等，都表明的是偏好差异。这些是有实际依据的。有的人也曾作过“对策”研究，尝试过仕宦之途，不是不会“权术”，也并非前景不佳，但不久就发现“没意思”，退回书斋；有的人也做成过买卖，但后来还是弃商从文，都是选择的结果。于是，尽管世上时兴“官本位”，尽管卖鸡蛋的收入比造原子弹的收入多，还是有人在坐冷板凳，在享受清贫的“满足”。

二、禀赋与选择

以上假定“同质禀赋”，目的是抽象地说明个人偏好的作用。但是，尽管一般地说，“搬运工与科学家的天赋是相同的”，差别总还是有的。

禀赋的差别及其对选择的影响可分为两种情况：

第一，天然不会干别的。比如天生就不会处理人际关系，天生就不会理钱管物，身体又弱不胜衣，于是别无他途，只有啃故纸堆、爬格子了。就是说，他的人力资本，在其他任何场合都不构成生产要素，不具有有竞争性的生产力。

第二，天赋条件特别适于从事科学研究，或者说在这方面特别具有生产力，于是不必偏好有所特殊，既然做学问较易于有所成就，提供的满足较大，资源配置自然也就朝这方面倾斜。无论如何，从小学开始，一路三分四分爬过来的人，一般是不会选择做学问的。

有利于做成学问的人力资本的特殊因素包括：智商（包括逻辑、语言、分析能力等）、毅力、诚实、谦虚、献身精神、不怕孤独寂寞、记忆力以及一般知识基础等等。

在假定只有一项禀赋即人力资本的前提下谈论禀赋与选择的关系，显然仅适用于静态分析，在一定的社会历史阶段的一定时点上，人的禀赋是既定的；但从动态角度考察，人力资本本身也是后而知之形成的，除非我们一律从三岁小孩谈起。过去条件下选择了上学读书，形成了今天的禀赋，于是在今天的条件下，做学问便成了最佳选择。但有人也许会说："早知今天搞商品经济，我当初才不来读博士呢！"这既是下面要谈到的机会或外部条件问题，也是经济学所说的"未来是不确定的""时间是不可逆的"问题。不过本文不更多地讨论信息和预期问题。

信息和预期问题还包括：对自己能力的真实状况的了解，对未来科学发展程度的展望，以及对自己在将来条件下能否有所成就的预期，等等。

三、机会或外部条件与选择

要选择，就有一个选择范围的问题，或者机会问题，形式上表现为目标函数有多少个分量的问题。西方人有时假定"机会均等"，从而把选择范围归结为是否拥有、拥有多少人力资本以外的其他禀赋如物质资本、遗产等；有时则假定每个人禀赋相同，谈论机会是否均等，也就是谈论社会提供给某一特定个人的选择范围的大小问题。研究我们自己所面临的职业选择问题，似乎自然应该假定经济禀赋相同，研究其他社会条件对选择的影响。

这里相关的因素有社会政治经济制度、家庭背景、少年时期的社会环境、就学机会与条件、职业选择自由程度等。没有过硬的家庭背景或社会关系，从政先天条件不足，“官倒”也没有门子，选择范围自然就较小，容易产生做学问倾向；书香门第，自然从小受“唯有读书高”的熏陶；有的人青少年时期赶上“文化大革命”，上山下乡，当不成兵，连工人也当不成，只好自己读杂书，当时学马列蔚然成风，于是打下了些社会科学的基础；加上社会阅历较多，搞起社会科学或人文科学研究也就顺理成章了。这些都是机会或机遇的作用。

总之，许多人，无非就是在上述种种主观的、客观的、内在的、外在的因素的共同决定下，走上了治学的道路。博士们不一定特别傻，但也不一定特别聪明；他们只是像其他任何人一样，做出了自己的选择。

四、生产函数

上文目标函数中的变量，是各种“成就”，包括做学问的成就；而成就是靠劳动投入换取的。这种投入与产出的关系，便是所谓生产函数。

不同的产出，有不同的生产函数，各有其特征。而“学问生产函数”有一个十分显著的特征：学问做到一定程度之后，进一步的劳动投入的边际收益率会发生快速递减。

这指的是，一门学问，最初掌握其基本概念、基本原理，是较容易的，这时多读一点书的边际收益率显得很高。但到了一定程度之后，要想再进一步，就要求再投入比过去大许多倍的劳动和心血，要读比过去多许多倍的书。

这大概是由以下一些因素决定的：

第一，已经成形的基本知识，自然都是关于已经解决了的问题的，相应的理论自然也就已被别人以明了的形式作了阐述，掌握起来也就较容易；而进一步的知识，总是关于那些尚未解决或未完全解决、还在被人们从各方面加以探索的问题，掌握起来必然不那么容易，要读的书也就多得多。

第二，理论上真正有所成就，哪怕是些微的成就，都需要有系统的知识为基础，能够把各方面的问题融会贯通；还要求掌握科学的思维方法。而构成系统的各种问题之间那些复杂和微妙的联系，以及科学思维方法的精髓或精妙之处，恰恰是三言两语说不清或者干脆是些“只可意会不可言传”的东西，只能在大量阅读前人著作特别是大师名著的过程中，在反复深入思考、反省和磨炼的过程中，在大量的、多方面的知识积累中，逐步体验出来并且把握住，成为个人的财富或“个人的知识”。佛学上讲“悟”，便是这样一种潜移默化的过程。而“悟”的过程，正是长时期“打坐”，边际“正果”却极小的过程。因此，到了一阶段之后的学问生产函数，便可称为“悟函数”，其特征便是“边际收益快速递减”（这里我们看到了经济学“亵渎神明”的俗气：学问家们神乎其神的悟性，在经济学中就叫作“边际收益快速递减”）。至于过了悟的阶段，会不会出现边际收益递增，是否有“悟后阶段”，“灵感”层出不穷，板斧一挥，如入无人之境？是把灵感算作悟后阶段的高额产出，还是归算为悟阶段累积的果实？由于笔者尚未“脱毛”，进入那样的佳境，所以只好留待大学同学们作答。

学问生产函数的上述特征，可以解释以下一些现象。

第一是所谓毅力或恒心在做学问中所起的重要作用。能否成就学问，就看一个人能不能经得住打坐的磨难，能不能熬得住边际收益极低，或边际成本极高的痛苦。

第二是最终留下来做学问的人总是少数。一个人如若不是不能干别的，或者不是由于对做成学问的个人偏好极高，那么他的理性选择必然是学问做到一定程度便转而去干别的，因为对他来说几方面不大的成就加到一起所能提供的满足，必然比在治学之路上一条道走到黑所能提供的满足为大，或者获得同等满足需付出的代价较小。

第三，长期做学问不一定大有成就，但有大成就者必然有相当长期治学的经历，特别是在知识高度积累的今天。

最后要指出的是，这里所说的生产函数，是真知灼见的生产函数，而不是“冒牌产品”或“劣质产品”的生产函数。著作本身，不一定等于真有建树。而学术产品是否真有价值，不凭是否有一时的轰动效应，也不能靠自吹自擂或请记者来吹，而是要由同行来评判，由社会实践来评判，由历史、由后人来评判。

1992 年